"ZHILIANGXING" GAOZHI KUOZHAO YANJIU

"质量型"高职扩招研究

张卫东 祝瑞玲 刘波 著

东南大学出版社
SOUTHEAST UNIVERSITY PRESS
·南京·

图书在版编目(CIP)数据

"质量型"高职扩招研究 / 张卫东,祝瑞玲,刘波著. — 南京:东南大学出版社,2023.4
 ISBN 978-7-5766-0714-7

Ⅰ. ①质… Ⅱ. ①张… ②祝… ③刘… Ⅲ. ①高等职业教育-招生制度-研究-山东 Ⅳ. ①G718.5

中国国家版本馆 CIP 数据核字(2023)第 049347 号

责任编辑:陈潇潇　责任校对:韩小亮　封面设计:王玥　责任印制:周荣虎

"质量型"高职扩招研究
"Zhiliang Xing" Gaozhi Kuozhao Yanjiu

著　者	张卫东　祝瑞玲　刘　波
出版发行	东南大学出版社
社　址	南京四牌楼2号　邮编:210096　电话:025-83793330
网　址	http://www.seupress.com
电子邮件	press@seupress.com
经　销	全国各地新华书店
印　刷	广东虎彩云印刷有限公司
开　本	700 mm×1000 mm　1/16
印　张	15
字　数	240千字
版　次	2023年4月第1版
印　次	2023年4月第1次印刷
书　号	ISBN 978-7-5766-0714-7
定　价	56.00元

* 本社图书若有印装质量问题,请直接与营销部调换。电话(传真):025-83791830。

"质量型"高职扩招研究项目组成员

马令珍（山东传媒职业学院　副教授）
宋明刚（山东传媒职业学院　副教授）
董善志（山东传媒职业学院　教授）
罗东华（山东传媒职业学院　副教授）
何东亮（山东传媒职业学院　副教授）
郭　进（山东传媒职业学院　讲师）
邱军辉（山东传媒职业学院　讲师）
苏大成（山东传媒职业学院　讲师）
高亚彤（山东传媒职业学院　助理讲师）
许　华（山东传媒职业学院　讲师）
林青家（山东教育电视台　副台长）

前言

2019年1月,国务院印发《国家职业教育改革实施方案》,推动新时代职业教育进一步发展。为贯彻落实2019年国务院《政府工作报告》关于高职大规模扩招100万人的有关要求,教育部职业教育与成人教育司组织制定《高职扩招专项工作实施方案》,落实高职每年扩招100万政策,全面深化职业教育改革。扩招的生源主要是退役军人、在岗职工、农民工和待岗职工等。与普通高中及中等职业教育应届毕业生不同,这些人员的年龄结构、社会阅历、文化基础各不相同,甚至有的考生是在岗职工,存在工学矛盾。面对复杂的生源结构,如何在新的经济社会发展形势下,做到"标准不降,质量不减",因材施教,把好质量关,实现高质量高职扩招,提升职业教育人才培养水平,为社会主义建设培养合格的高素质技术技能人才,是需要我们探讨研究的一个重要课题。

笔者长期从事高等职业教育教学与管理工作,具有较为丰富的职业教育实践经验,同时对职业教育规律也进行了多方面的探讨和研究,具有一定的理论水平。博采多年的研究成果,围绕"百万扩招"对高等职业教育高质量发展的影响问题,将研究成果融入招生、培养、就业等职业教育核心工作中,并在广泛调研的基础上,总结归纳,形成一套可操作性较高的理论体系和指导方案,一方面有助于进一步丰富职业教育理论和高职扩招理论,为后续研究开展职业教育和扩招研究提供理论参考;另一方面可以为教育主管部门和高职院校解决扩招中存在的共性问题提供理论借鉴。

本著作的编写以山东省教育厅部省共建国家职业教育创新发展高地理论实践研究课题"'质量型'高职扩招研究"为切入点,分类编制4个调研问卷面向山东省40多所职业院校开展了相关内容的调研。调研结果显示,扩招政策给高等职业教育发展带来了机遇,同时也令高等职业院校面临诸多新的挑战,例如:扩招生源理论基础参差不齐,工学矛盾突出;相较于普通学生,部分扩招学生学习动力不足;扩招院校的在校生规模扩大,教学资源等面临压力;扩招学情对课程资源、教学管理模式、师资队伍提出新要求；扩招生源年龄层次、社会阅历等差异性较大，学生管理工作面临挑战等。

  针对上述多方面的挑战，编写组深入研读扩招政策文件，对调研数据进行了 SWOT 矩阵分析，以高职院校落实扩招政策后内部环境中的优势(S)和劣势(W)为一方，外部环境中的机遇(O)和威胁(T)为一方，形成 SO、ST、WO、WT 策略，构建 SWOT 矩阵分析框架，确定了"质量型"高职扩招招生策略、"质量型"高职扩招人才培养策略和"质量型"高职扩招就业策略，提供了从招生、人才培养到就业的策略参考。

  本著作的完成，作为教育部职业教育与成人教育司组织制定《高职扩招专项工作实施方案》"落实高职每年扩招 100 万政策，全面深化职业教育改革"的"宣传队"和"播种机"，对落实《中华人民共和国职业教育法》，推动新时代职业教育稳步发展，具有很大的现实意义：第一，开展质量型扩招研究有益于全面提升扩招人才培养质量，提升扩招生源的文化素养和技能水平，有益于提升国民整体素质、优化劳动力结构。实现从高质量培养到高质量就业后，扩招学生将服务于经济社会发展，进而有助于社会整体治理能力和管理水平提升。第二，开展"质量型"扩招研究将为高职院校有针对性地开展高质量教学和提升人才培养质量提供理论依据，有助于高职院校人才培养质量提升，从而进一步推动高职院校教育教学水平，增强职业教育的吸引力。经过从招生到就业，从入口到出口，构建了完整的技术技能型人才培养体系，能够培养学生具备从事相关行业的技术技能，推动"供给侧"输出能力，提升扩招学生择业能力和就业质量。

  在编写出版过程中得到了山东省教育厅职业教育处、山东省教育科学研究院、山东商业职业技术学院、山东科技职业学院、山东职业学院、济南职业学院、东南大学出版社等单位领导和专家的指导和帮助，山东教育电视台等多家校企合作单位协助完成了调研、走访，直至最终完稿，在此表示衷心感谢！

  限于笔者的实际经历、专业基础和研究能力，疏漏在所难免，恳请同行专家、学者批评指正。

作者
2023 年 1 月

目录

| 第一章 | 导论 | 001 |

    第一节　课题研究的背景　　001

    第二节　课题研究的内容与方法　　003

    第三节　课题研究的创新　　009

| 第二章 | 现状分析 | 011 |

    第一节　高职扩招发展政策与环境　　011

    第二节　高职扩招现状　　014

    第三节　存在问题　　018

| 第三章 | 山东省高职扩招 SWOT 矩阵分析 | 021 |

    第一节　高职院校内部优势条件分析(Strength)　　022

    第二节　高职院校内部劣势条件分析(Weakness)　　025

    第三节　高职扩招外部机遇分析(Opportunity)　　026

    第四节　高职扩招外部挑战分析(Threat)　　027

    第五节　SWOT 分析小结　　028

| 第四章 | "质量型"高职扩招招生策略 | 033 |

    第一节　分类制定招生计划　　034

    第二节　创新考试录取模式　　035

| 第五章 | 质量型高职扩招人才培养策略 | 037 |

    第一节　分类制定人才培养方案　　037

    第二节　制定实施学分制改革方案　　038

    第三节　创新教学模式　　039

    第四节　学生管理　　042

| 第六章 | "质量型"高职扩招就业策略 | 054 |

　　第一节　完善就业制度　　054
　　第二节　深化产教融合　　055
　　第三节　分类就业指导　　057

| 第七章 | "质量型"高职扩招研究调研报告 | 059 |

　　一、调研目的、时间、对象　　060
　　二、调研背景与意义　　061
　　三、调研进度　　061
　　四、调研方式　　062
　　五、调研内容、数据与分析　　063
　　六、调研结论与对策建议　　146
　　七、附件：调查问卷　　154

| 附录一 | 山东传媒职业学院学分制实施方案（试行） | 198 |

| 附录二 | 山东传媒职业学院学分认定与置换实施细则（试行） | 217 |

| 参考文献 | | 227 |

第一章　导论

第一节　课题研究的背景

一、高职扩招背景

2019年1月,国务院印发《国家职业教育改革实施方案》[1],推动新时代职业教育进一步发展。《方案》指出,职业教育为我国经济社会发展提供了有力的人才和智力支撑,现代职业教育体系框架全面建成,服务经济社会发展能力和社会吸引力不断增强;当前,产业升级和经济结构调整不断加快,各行各业对技术技能人才的需求越来越紧迫,职业教育重要地位和作用越来越凸显。

为贯彻落实2019年国务院《政府工作报告》[2]关于高职大规模扩招100万人的有关要求,教育部职业教育与成人教育司组织制定《高职扩招专项工作实施方案》[3],落实高职每年扩招100万人的政策,全面深化职业教育改革。高职扩招工作启动于2019年,当年任务是扩招100万人。2020年全国两会《政府工作报告》[4]中又提出,"今明两年高职院校要扩招200万人"。2021年《政府工作报告》[5]中,提到"完成职业技能提升和高职扩招三年行动目标"。

2019年,高职实现扩招116万人;2020年再次落实百万扩招计划,实现扩招157万人,均超计划完成目标。2022年4月,教育部发布公告,高职院校响应国家号召,3年累计扩招413.3万人。扩招的生源主要面向退役军人、在岗职工、农民、农民工和待岗职工等。与普通高中及中等职业教育应届毕业生不同,这些人员的年龄结构、社会阅历、文化基础各不相同,有的考生是在岗职工,甚至存在工学矛盾。面对复杂的生源结构,在新的经济社会发展形势下,如何做到"标准不降,质量不减",在高职扩招中结合个人特点和专业特色因材施教,把好质量关,实现高质量高职扩招,提升职业教育人才培养水平,为社会主义建设培养合格的高素质技能人才,是需要我们探讨研究的一个重要课题。

二、高职扩招研究现状

2021年教育部、国家发展改革委等六部门发布《关于做好2021年高职扩招专项工作的通知》[6]。自2019年以来,山东省内高职扩招工作已开展3年,外省时间不一。高职扩招虽然时间不长,但国内有关高职扩招的研究较多,成果也在逐渐丰富。从研究范围和研究成果来看,以宏观政策方面和某具体层面(如教育资源制约)为研究对象的文献较多。

(一)宏观层面

现有成果对高职扩招的研究主要从国家战略、高职教育发展、服务经济转型升级等角度探讨了如何从新的高度认识高职扩招对国家发展的意义、扩招背景下高职教育改革发展面临的机遇与挑战、高职扩招政策机制保障等问题。

其中包括安培从教育资源成为制约质量型扩招的关键矛盾点出发提出了构建政府统筹、高职院校主力、企业和行业积极参与的资源补充格局,树立"大资源观",形成资源治理共同体,全面补充教育资源,推进高职院校质量型扩招高水平实施[7];马廷奇在《高职院校扩招与高职教育高质量发展》中认为高职院校扩招既是新时期经济结构转型升级的要求,也是高职教育自身高质量发展的需要[8];杨子琪在《百万扩招政策下高职教育的应对与转型》中指出,在这样的复杂背景下,高职院校需要积极转型,摒弃传统单一的办学定式,做出彻底的改变[9];刘晓教授在《高等职业教育扩招的现实诉求与落地思考》中认为高职扩招是新时代高等职业教育发展的"应时之需",并提出高职扩招政策落地亟须系统设计[10]。

(二)微观层面

现有成果主要着力于对某专业人才培养目标、学生管理模式、学生思想政治教育、教学方法、产教融合模式的探索、教师队伍建设、教学管理改革等微观点关注较多。

其中有顾准基于美国社区学院启示角度,从重视教师队伍建设、开发契合市场的课程、实行以人为本质量评估等扩招经验及办学经验,提出改革招生考试办法、加大教育经费投入、打造高素质教师队伍、定制分类培养方案和建立多元评价体系等方面深入研究了应对质量型扩招的相关对策[11];曲磊、刘颖妍从高职院校的师资力量结构、教学资源、教学方式、人才培养保障机制建设四个方面阐述了高职院校"规模型"扩招向"质量型"扩招转变培养的对策[12];李传伟指出为实现质量型扩招,需要对人才培养模式进行改革,采用多元化分类分层人才培养模式,对学生进行合理分类与分层[13];谭起兵从建立分类培养机制、推进"三全育人"改革和完善弹性学制教学管理模式等方面提出优化基于"类型测试"的招考体制、完善以学习者为中心的教学质量监控与评价体系、建立以就业质量为导向的管理体系,最终形成稳定、可持续发展的新型质量保障体系[14];刘冉昕从扩招后辽宁省交通高职院校的教学管理工作实践出发,介绍了学校在教学管理模式、教学组织模式、人才培养体系构建、学分认定与转换、教学质量保障措施等方面的实践经验[15]。

综上所述,高职院校扩招是新时期经济结构转型升级的需求,国内学者按着"标准不降、模式多元、学制灵活,以优质资源、师资队伍、教学改革保证质量型扩招"要求,对职业教育人才培养模式进行创新,改变教学模式、质量保证体系等方面进行了研究。针对不同的生源类型、不同的专业基础、不同的学习需求来制定合理应对策略,做到既增量又提质,完成质量型扩招培养。但是,以往研究中更多的是关注"点"的研究,缺少以质量为切入点,从学院招生、培养、就业整个环节,构建高职扩招高质量培养体系的研究和关注。

高质量是新时期高职教育改革发展的关键。本研究立足于多年的高职教育招考经验,对如何进行高质量高职扩招进行了深入分析,能够有效解决高职扩招中所遇到的困难,为同类院校开展高质量招考提供一定的借鉴意见和建议。

第二节　课题研究的内容与方法

一、研究目标

本研究的主要目标是在高质量招生基础上,有针对性地探索构建高职扩招人才培养机制,为学生提供多种学习方式,畅通技术技能人才成长和就业渠道，推动高层次应用型人才培养体系的完善。

通过研究高职扩招政策，充分调研和分析2019年以来各高职院校扩招工作情况，我们进一步总结提炼各院校高职扩招招考工作经验，探索面向扩招生源的科学合理的高质量招生考试模式。并在此基础上，通过分类制定并完善人才培养方案、探索制定学分制改革方案，多样化教学组织形式和学生管理形式，进一步探索面向扩招生源高质量人才培养模式，不断提高人才培养质量，为区域经济社会发展提供更多高素质技术技能人才。最后，通过加强制度建设、加强产教融合力度和分类就业指导，畅通高职扩招生源的就业渠道，提升其就业能力和就业质量。

二、研究主要内容

本课题研究内容主要包括有高质量招生、高质量培养、高质量就业三部分，从招生到就业，从入口到出口，构建应用型人才培养体系。其中高质量招生主要从考生综合素养、职业潜能评定开展研究；高质量培养主要从分类制定人才培养方案、探索制定学分制改革方案开展研究；高质量就业主要构建就业机制，促进学生高效稳妥就业。具体如图1-1所示：

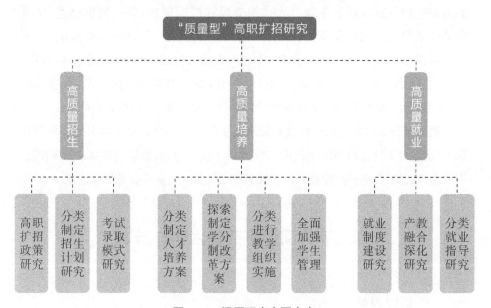

图1-1　课题研究主要内容

（一）高质量招生

高职扩招是党中央、国务院抓"六稳"、促"六保"的重要举措。本部分内容主要研究高职扩招政策，正确认识高职扩招的战略意义；分类制定招生计划研究，对接区域经济和行业发展需求，科学合理设定招生专业与计划；创新招生考试形式与内容，科学制定考试录取方案。

1. 高职扩招政策研究

本部分内容主要通过收集并深入分析教育部、山东省以及外省关于高职扩招相关政策，采取抽样研究的方式，以时间（2019—2021年）为纵轴，以区域（如东、中、西部）地区省份为横轴，进行比较研究。深入了解国内不同地区高职扩招工作在招生规模、生源类型、招生院校规模、招生考试要求以及其他具体实施要求等内容，从政策规划层面深入了解各区域高职扩招工作整体情况、具体要求、实施情况等内容，进一步正确认识高职扩招的战略意义。

2. 分类制定招生计划研究

本部分内容主要在政策研究的基础上，通过问卷调查、实地调研等多种调研方式相结合，进一步了解各高职扩招院校在招生专业选取、招生计划编制等方面的做法，提出问题，总结经验，探索以德为本，坚持科学性与公平性相结合、预见性与可行性相结合、学校办学特色与招生就业相结合、稳定性与灵活性相结合；综合考虑国家考试制度、行业需求、学校条件等因素，科学编制学院招生计划、招生方案，实现招生计划、专业设置、行业需求最优组合的扩招考试模式，提高生源质量。

3. 考试录取模式研究

本部分内容主要基于专业定位和专业就业岗位人才需求，在科学合理设定招生计划的基础上，研究各高职院校招生考试形式及组织和录取方案，探索线上/线下、文化素质/专业技能、笔试/面试等现多样化招生考试形式和内容，探索创新分类、分专业等多种录取形式，畅通学生入学途径。注重学生综合素养及德智体美劳全面发展情况进行综合考察，全面综合考量学生综合素质，全面深挖考生职业潜能，在考录工作全过程考查学生未来从事本专业的发展性和成才水平。

（二）高质量培养

以坚持立德树人为根本任务，思政课程与课程思政相结合，深化产教融合、校企合作,坚持标准引领,体现培养特色,坚持遵循规律,实施学分制改革为基本原则,分类制定人才培养方案,注重以实践能力培养为核心的职业能力培养。

1. 分类制定人才培养方案

本部分研究主要通过校企共同开展行业岗位技能需求调研,并以调研结果为基础,深入开展人才培养方案的制定和研究。坚持以立德树人为根本,面向行业、服务区域经济发展、促进就业;坚持工学结合、知行合一,健全德技并修的育人机制,按照不同生源特点,分类制定人才培养方案,构建德智体美劳全面发展的人才培养体系。深化产教融合、校企合作,规范人才培养全过程,高质量培养复合型技术技能人才。

2. 探索制定学分制改革方案

本部分研究坚持以人为本、因材施教,坚持以培养"德技并修、知行合一"的高素质技术技能人才为目标;以培养学生的创新精神核心,加强思想道德、人文素养教育;以培养学生的实践能力为核心;加强技术技能培养,推行个性化人才培养,探索并建立更具活力和科学规范的教学管理机制,实施由选课制、弹性学制、学分互认制、免修免听制等构成教学管理体系的完全学分制实施方案。实行"自主选课制"、弹性学制下的学籍管理、学分认定与置换等个性化培养手段,将各类学生素质提升活动、创新创业实践活动、过往工作和学习工作经历等,通过学分认定与置换方案进行学分互认,鼓励学生社会实践、发明创造或参加科技、竞赛活动等。

制定与学分制管理相适应的教学管理、学生管理、学籍管理、选课管理、教学质量监控与保障体系建设、成绩管理等规章制度;深化教育教学、人事、财务和后勤管理等制度的改革,积极整合、利用、挖掘学校教育教学资源,进一步营造高质量培养所需的良好环境。

3. 分类进行教学组织实施

本部分研究以如何培养高水平技术技能人才为着力点,探索学生、学校、企业多维协同的教学模式,充分发挥行业优势,培养扩招专业人才工作技能和实践能力。

针对不同类别、不同生源学生,分类组织开展线上线下教学工作。遵循"工学结合,知行合一"的基本原则开展课程建设和教学组织工作。针对每一类岗位需求开展教学设计,对各课程进行系统化设计,并充分运用信息化技术手段,将碎片化课程资源统一进行结构化设计,同时将行业产业的新技术新工艺新流程融入专业课程教学中。

针对学生在岗在业情况,创新分类教学组织方式,如送课上门、分区域组织教学等。创新从"理论—实践—理论""实践—理论—实践""校中厂或厂中校"等合理可行的人才培养模式,切实提高人才培养质量。

4. 全面加强学生管理

结合扩招生源多元化特点,探索有效管理扩招学生在校生活、课堂学习等管理模式,强化纪律意识、规范意识,增强学生的归属感、自豪感和价值感。

(三)高质量就业

本部分研究主要以提高毕业生就业质量为中心,探索完善高职扩招就业工作机制。在就业方面,多渠道做好高职扩招毕业生就业工作,优先支持就业困难毕业生求职就业,支持毕业生创新创业带动就业。积极引导学生参与"1+X"证书制度试点,帮助毕业生取得多类职业技能等级证书,提高毕业生的就业本领。[16]

1. 就业制度建设研究

完善学生实习、就业的制度规定;提高服务意识,面向用人单位和学生做好就业服务,提高就业满意度。

2. 产教融合深化研究

开拓校外教学科研实践基地,构建产教融合的平台,为学生提供良好的实习和就业基地。

3. 分类就业指导研究

坚持需求导向,分类实施,紧贴区域经济发展、行业企业和个人发展实际需求的创新创业培训。同时,加强就业队伍结构建设和素质建设,构建院领导指挥、招生就业处带头、各系配合的就业师资队伍,促进高质量就业。

三、研究思路

首先,通过深入研读国家和地方相关政策文件,汇总收集工作中遇到的问题,完成课题研究方案的设计论证工作,提出初步的研究方案和研究计划。其次,研制调研内容与问卷,进行多形式调研,了解各高职扩招院校开展招生计划制定、考试形式及组织等情况；了解各扩招院校学分制改革方案、人才培养方案制定、教学组织及管理等情况，完成高质量招生和高质量培养研究。再次，以问题为导向，反思高职扩招工作过程、总结成效、构建高质量就业机制，完成高质量就业研究。最后，对研究成果和实践成效进行总结，撰写研究报告。

四、研究方法

（一）文献研究法

在课题研究准备阶段，搜集、鉴别、整理文献，加以认真学习总结，通过对文献的研究了解国内外的研究现状，并借鉴对事实的科学认识的方法，初步形成研究方案。在研究过程中，还要进一步注意文献资料的积累、总结，坚持以先进的理念指导实践，以创造性的实践丰富理论的内涵。

（二）调查研究法

通过问卷调查、实地调研等多种调研方式相结合，对省内外各高职扩招院校开展招生计划制定、考试形式及组织、人才培养等情况进行收集整理，为后续研究工作提供基础数据和信息。

（三）经验总结法

研究过程中注重对取得的阶段性成果及时进行总结，研究后期用经验总结法实现高质量招生、高质量培养、高质量就业。

（四）比较研究法

通过对2019年以来、省内外高职扩招相关政策进行比较研究；深入了解在国内不同地区高职扩招工作在招生规模、生源类型、招生院校规模、招生考试要求以及其他具体实施要求等内容；进一步正确认识高职扩招的战略部署和战略意义。

五、研究意义

（一）课题研究意义

开展质量型扩招研究有益于全面提升扩招人才培养质量，提升扩招生源的文化素养和技能水平，有益于提升国民整体素质、优化劳动力结构。实现从高质量培养到高质量就业后，扩招部分学生将服务于经济社会发展，进而有助于社会整体治理能力和管理水平提升。

开展质量型扩招研究将为高职院校有针对性地开展高质量教学和提升人才培养质量提供理论依据,有助于高职院校人才培养质量提升,从而进一步推动高职院校教育教学水平,增强职业教育吸引力。

开展质量型扩招研究,从高质量招生角度来看,本身就是缓解当前社会就业压力的重要举措。经过从招生到就业,从入口到出口,构建起的完整的应用型人才培养体系能够培养学生具备从事相关行业的技术技能,推动学生"供给侧"输出能力,提升扩招学生择业能力和就业质量。

(二)课题研究学术价值

各高职院校在扩招中遇到的问题既有普遍性,又有特殊性。基于对这些问题的归纳总结、分析研究,探索质量型高职扩招人才培养路径,形成一套可操作性较高的理论体系和指导方法,一方面有助于进一步丰富职业教育理论和高职扩招理论,为后续研究开展职业教育和扩招研究提供理论参考;另一方面可以为教育主管部门和高职院校解决扩招中存在的共性问题提供理论借鉴。

(三)课题研究应用价值

开展质量型高职扩招研究的终极要义是实现高质量人才培养和高质量就业。本研究在高质量招生基础上,探讨推动高层次应用型人才培养体系的完善,尝试提出一系列在高职院校中具有普遍性应用价值的对策措施,应用于高职院校高质量招生、高质量培养和高质量就业实践,为社会输送更多高水平技术技能人才,推动高职院校人才培养水平和社会服务水平提升,同时也促进扩招学生个人价值的实现。

第三节 课题研究的创新

一、创新招生录取方式

深入研究"职教高考"制度,创新分类制定招生计划研究,对接区域经济和行业发展需求,科学合理设定招生专业与计划;创新招生考试形式与内容,科学制定考试录取方案。完善"文化素质+职业技能"的考试招生办法,考查学生的综合素质和职业潜质,提高生源质量,为学生接受高等职业教育提供多种入学方式和学习方式。[17]

二、创新教学管理模式

适应国家高职扩招政策需求,创新教育教学管理模式。分类制定人才培养方案,探索并建立更具活力和科学规范的教学管理机制。结合扩招生源多元化特点,探索多种学生管理模式,创新分类教学组织方式。实施学分制改革,创建与学分制管理相适应的制度改革。创新适用于高职扩招生源的学分认定与置换内容和形式,合理地将各项专业证书、技能证书、工作经历等融入学分认定与置换。推进产教融合、校企合作,校企共同开发建设新型教材,配套建设电子资源,把职业岗位需要的新知识、新技术和新流程等纳入课程内容,对学生实施"双元"育人。

三、创新建立扩招评价机制

扩招学生生源结构复杂,年龄层次、社会阅历、文化基础、技能水平各不相同,在培养和考核中,扩招学生学习成效评价的要素和要素权重很难确定。需要探索创新建立一套能够适用于所有不同类别学生的、科学合理的考核评价机制,在同一指标体系、同一标准下实现对学生科学合理的评价考核。

四、创新建立分类就业工作机制

探索完善高职扩招就业工作机制,分类就业指导研究,坚持需求导向,分类实施,紧贴区域经济发展、行业企业和个人发展实际需求的创新创业培训,多渠道做好高职扩招毕业生就业工作,优先支持就业困难毕业生的求职就业,支持毕业生创新创业带动就业。[18]加强就业队伍结构建设和素质建设,构建院领导指挥、招生就业处带头、各系配合的就业师资队伍,促进高质量就业。

第二章 现状分析

第一节 高职扩招发展政策与环境

一、国家制定专项战略及实施方案落实高职扩招

在经济结构变革、职业教育发展改革深化、区域经济发展升级等经济、社会、教育事业发展背景下,对高素质技术技能人才日益增长的需求与现实供给之间的结构性矛盾日益突出,迫切需要国家制定专项发展战略和具体实施方案,开展高职扩招工作,推动高等教育结构和人才结构优化,扩大有效人才供给。

2019年,李克强总理在《政府工作报告》中提出,"要改革完善高职院校考试招生办法,鼓励更多应届高中毕业生和退役军人、下岗职工、农民工等报考,2019年大规模扩招100万人"。5月,教育部等六部门联合印发了《高职扩招专项工作实施方案》,方案在提出统一认识、明确方向、质量为先、系统推进等原则基础上,对扩大招生计划、专项考试组织工作、招生录取、分类教育管理、教师教材教法改革、就业服务及财政保障等具体工作任务进行了落实。该实施方案以及配套系列高职扩招政策的出台,是基于当前国民经济产业升级和结构调整对高素质技术技能人才需求日益紧迫的现状,同时政策出台助推高职教育发展,也是缓解当前就业压力、提高高素质技术技能人才供给的战略之举,也是落实"职教二十条"的重要举措。方案贯穿"中央统筹、地方主责、系统化推进、质量型扩招"的一条主线。方案明确,高职扩招要坚持"质量为先"基本原则,积极引导各地及教育主管部门科学研判当地职业教育发展

层次,结合实际承担扩招任务,持续优化资源配置,增强人才培养能力,确保质量型扩招工作完成。

2020年《政府工作报告》中再次明确"高职院校扩招200万人"。2021年《政府工作报告》中强调,"完成职业技能提升和高职扩招三年行动目标"。高职扩招在《政府工作报告》中体现了国家政策的延续性,也体现了高等职业教育发展为国家战略、为区域经济社会发展和产业结构调整服务的性质。

以高职扩招专项方案为引领的高职扩招政策,创新了高等职业教育人才培养模式,挖掘了校企合作新的潜力,提升了扩招学生主动学习求知积极性。高职扩招作为党中央、国务院做出的战略部署,开创了我国高等职业教育发展的新路径。

教育部在2019年12月印发的《关于做好扩招后高职教育教学管理工作的指导意见》中指导各地各职业院校主动适应高职扩招新要求,统筹优化改进人才培养全流程的各环节,并对扩招后教育教学管理工作等内容进行了明确。《意见》既提出了学习时间不超过6年、总学时不低于2 500的总要求,其中集中学习不得低于总学时的40%;又提出了需要线上教学与线下相结合、集中教学与分散教学相结合、校内教学与校外教学相结合,实施"旺工淡学"的错峰教学,积极做好"送教下乡""送教上门",设立"社区学区""企业学区",就近实施集中教学等创新举措,极大地丰富了当前教育教学内容和形式。

2019年至2022年,教育部办公厅等部门先后印发《关于做好2019年高职扩招专项考试招生工作的通知》(教学厅〔2019〕6号)《关于做好2020年高职扩招专项工作的通知》(教职成厅〔2020〕2号)《关于做好2021年高职扩招专项工作的通知》(教职成厅函〔2021〕9号)等专项通知,对招生考试、教学管理、条件保障等进行明确要求,指导做好三年高职扩招工作。

截至目前,高职扩招已持续进行了4年的探索,国家的政策导向、政策执行以及最终成效都需要开展相关课题加以分析、研究,总结经验、反思不足,推进高职扩招战略进一步走深走实,提升扩招人才培养质量。

二、山东结合高职教育发展实际落实高职扩招政策

山东是经济发展大省、教育大省、人口大省。山东对于国家高职扩招政策的执行和落实情况极大影响着国家关于职业教育和高职扩招政策落实度与执行率。

为贯彻落实国务院 2019 年《政府工作报告》关于全国高职大规模扩招 100 万人的要求,统筹做好计划安排、考试组织、招生录取、教育教学、就业服务及政策保障工作,确保稳定有序、高质量完成扩招工作任务,2019 年 7 月,山东省教育厅等 11 部门联合印发《山东省高等职业院校扩招实施方案》,对招生对象、招生形式、报名条件、考试安排、教学安排等实施内容进行了明确,对经费和政策支持等内容进行了强调。2019 年 8 月,山东省教育厅印发《关于进一步做好高职院校扩招和学生培养管理的通知》,对教育部方案的各项工作任务进行了再细化、再明确、再部署。2019—2022 年,山东省教育厅连续 4 年制定"做好高职(专科)单独考试招生和综合评价招生工作"的相关通知,对具体工作落实进行部署。

针对生源多样化特点,山东省组织招生院校联合行业企业,分类、分专业制订了 937 个专业人才培养方案,科学合理设置课程体系,让学生愿意学、学得会、用得上。根据行业企业生产规律,落实"旺工淡学"的错峰教学,充分利用周末、节假日和晚上时间进行集中授课,因地制宜开展"送教下乡""送教上门""送教进社区"等服务,提供多样化的学习方式,确保"工学两不误"。此外,山东省通过创新考核评价方式,对扩招学生已有的工作经历、相关培训实践经历、取得的职业技能等级证书等由学校评估认定后可折算成相应学分或者免修相应课程。通过实施高职扩招政策,大批既有社会劳动者提升了岗位技术技能水平、丰富了就业本领,为专业升级与数字化改造、服务全省新旧动能转换重大工程建设等重大战略提供了人才支撑。

针对高职扩招招生方式,山东省明确采取单独考试招生方式进行。单独考试招生是教育部授权山东省及部分高校的一种考试招生形式,是山东省高职院校分类考试招生的重要类型。这也意味着通过单独考试招生被录取的学生,与参加普通夏季高考被录取学生一样,均为普通全日制高校在校学生。完成修业年限达到所在高校毕业要求的,颁发与普通学生毕业证书相同的普通全日制专科毕业证书。在学生报名条件方面,山东省招生的第一个条件是具有山东省户籍或在山东务工、且具有高中阶段学历或高中同等学历人员;第二个条件是学生为非山东省户籍就业人员(包括进城务工人员)的随迁子女,且具有山东省高中学段学校学籍及完整学习经历,并顺利毕业。两项条件符合其中任何一条的人员,都可以报名参加单独考试招生。

第二节 高职扩招现状

一、发展规模

据统计,2019—2021年全国高职院校积极响应国家号召开展扩招工作,3年累计扩招413.3万人,超额完成扩招任务,招生总人数超过同期本科招生人数。

就山东省而言,在不断总结高职扩招经验做法基础上,全省按照适度扩大、有利选拔的原则,科学布局单独招生高职院校。2021年全省实施单独招生的学校数增加到了92所。通过进一步科学设置招生专业、优化招生计划,并将在招生专业和计划落实上,重点面向当地区域经济发展和社会民生相关行业紧迫需要,加之具有良好的市场发展前景及高就业率的专业相倾斜,增加优质教育资源投入,激发学生报考的积极性。

2019年,山东省响应国家高职扩招100万新要求,丰富生源结构,60所高职院校招收退役军人、下岗职工、农民工,有针对性地配备师资力量、设置专业课程、优化人才培养模式,帮助后备劳动者成长为高素质技术技能型人才。全省实际扩招录取11.46万人,超额完成国家下达的6.85万人的扩招任务。2020年,全省面向城乡社区工作者、下岗失业人员、农民与农民工、退役军人和在岗职工等进行扩招,全省扩招录取11.74万人。2021年,全省高职院校共录取48.01万人,比上年增加3.46万人,山东省连续三年超额完成国家下达的"百万扩招"任务。

三年来,山东高职扩招累计招收各类社会群体人员10.43万人。无论是从当前全省社会经济发展对大量高素质技术技能人才需求的角度,还是从当前就业市场严峻形势来看,高职扩招都发挥着极为重要的作用,也进一步展现了高职院校的社会服务职能。

二、发展结构

根据《山东省高等职业院校扩招实施方案》,山东省高职扩招全部招生对象涵盖普通高中、职业高中、职业中专、技工学校等在内的高中阶段学校应届毕业生,以及退役军人、下岗失业人员、农民工、农民、在岗职工等。方案明确:具有招生的院校为符合条件的省内优质高职院校(含独立设置的高职高专院校和举办专科教育的独立学院、民办本科高校,下同)。招生专业为区域经济发展急需、社会民生领域紧缺以及具有较高就业率和良好就业前景的专业。

山东省将具体考试招生计划分为A、B、C三类。其中A类计划主要面向高中阶段应届毕业生,B类计划主要面向退役军人,C类计划面向下岗失业人员、农民工、农民、在岗职工等类别。考生通过报名、志愿填报、考试、录取等四个环节即可完成单独招生工作。本研究主要围绕B、C两类考生进行研究和探讨。

全省高职扩招数据显示:2019年,山东省高职扩招人员中退役军人40 840人,下岗失业人员、农民工、工人、农民23 101人;2020年全省扩招退役军人8 200人,下岗失业人员、农民工、工人、农民10 700人;2021年全省共招收退役军人9 625人,企业在岗员工5 084人,农民工、基层农技人员等2 678人。

根据本研究对山东省高职扩招情况的调研显示:全省扩招学生的生源结构多元化,在传统以普高毕业生、中职毕业生等为代表的学生结构基础上,从退役军人、下岗失业人员、农民工等群体中进行了大幅扩招。在扩招部分学生的学情方面,相比以往更加复杂化。96.23%参与调研的院校反映扩招生源有基础弱、学习方法和学习能力相对较差、信息化学习能力不足、专业理论知识的掌握程度参差不齐等问题。此外,虽然扩招学生总体上学习主动性比较高,但基于B、C类学生的特殊性,该部分生源工学矛盾相对突出,学习影响因素多,教学组织实施有一定难度。

三、基本办学条件持续优化

山东各高职院校基本办学条件各项指标均达到《普通高等学校基本办学条件指标》要求。2021年,全省高职院校生均占地面积73.17平方米,较2017年占地面积略有减少,主要是因为高职扩招后在校生人数增加。生均教学科研仪器设备值12 317.30元,较2017年增加2 543.19元;生均教学及辅助、行政办公用房面积28.94平方米,较2017年增加14.49平方米;生均校内实践教学工位数0.7个,较2017年增加0.14个;合作企业为高职院校提供的校内实践教学设备值总值56 359.16万元。山东各高职院校办学条件不断完善,各项指标均有不同幅度提升。

四、发展质量

山东省连续三年超额完成高职"百万扩招"任务。新生报到率、毕业生对母校满意度、雇主对毕业生满意度均有不同程度提高,反映出山东高职院校人才培养质量较好,职业教育的社会认可度较高。

党中央、国务院立足全国经济社会发展大局,做出高职扩招的决策部署。据此,山东省在系统总结前两年高职扩招经验做法基础上,按照适度扩大、有利选拔的原则,科学布局单独招生高职院校,全省实施单独招生的学校数由最初的82所增加到92所。在招生专业和计划方面,山东省进行了科学分析研判和科学设置,并重点向全省经济发展中重点产业行业急需、社会民生领域紧缺、具有良好市场前景和较高就业率的专业倾斜,丰富优质教育资源供给,激发报考积极性。2021年,山东省高职院校录取48.01万人,比前一年增加3.46万人,连续三年超额完成国家下达的"百万扩招"任务。全省共招收退役军人9 625人,企业在岗员工5 084人,农民工、基层农技人员等2 678人。三年来,高职扩招累计招收各类社会群体人员10.43万人。

五、发展效益

其一,社会效益明显。"改革完善高职院校考试招生办法,鼓励更多的应届高中毕业生和退役军人、下岗职工、农民工等报考,今年大规模扩招100万人。"这有力说明了党和国家对高等职业教育发展的高度重视,既明确了高等职业教育改革发展的着力点,同时也释放出积极信号,展现了高职教育发展前途广阔、大有可为的广阔前景。一方面,高职实现百万扩招的重要举措将极大缓解部分高职院校当前所面临的招生难的困境。李克强总理在《政府工作报告》中提出,高职院校生源要从单一化的应届中高职等毕业生来源为主向多元化转变,更多地面向退役军人、下岗职工、农民工等群体。这对于之前招生困难、生源紧张的部分院校来说无疑是"雪中送炭"。另一方面,高职百万扩招将职业教育发展置于"多管齐下稳定和扩大就业"的重要位置,明确指出高职教育能够在提高退役军人、下岗职工和农民工职业技能和就业竞争力方面发挥着极大作用。既能够提高高等教育人口在城乡新增劳动力中所占的比例,化解技术技能人才培养与当前经济转型发展之间的结构性矛盾,又能让更多相关群体凭借技术技能水平提升获得更高的报酬、实现更高的个人价值。可以说对于我国经济的健康可持续发展、社会的和谐稳定及有学历和技能提升需求的群体来说都有很重要的意义。

其二,现阶段是提高高校办学条件综合水平的好时机。在高职扩招政策实施过程中,专任教师等"激励型"指标的数值要么持续下降,要么波动下降。由于"激励型"指标权重较高,这些指标的下降直接影响到高校办学条件综合水平的下降。相反,在扩招期间,生均教室面积等并非十分紧迫和重要的"保健型"指标和"中间型"指标的值有所上升。然而,"保健型"指标和"中间型"指标对提高办学条件综合水平的作用有限。因此,这两个指标的增长并不能有效抑制扩招期间高校办学条件综合水平的持续下降。言外之意,在实施扩招政策的过程中,忽略了重要性较高的办学条件指标,而过高重视了对综合水平评价贡献较弱的办学条件指数,这也是导致近年来高校办学条件综合水平较为落后的主要原因。因此,下一阶段,要想提高高校办学条件综合水平,就要重点关注指标值较低但权重较高的"激励型"指标,而不是指标值较高但权重较低的"保健型"指标和"中间型"指标。

其三,有利于学校内涵式质量发展。高职"百万扩招"不单单是在招生规模方面的扩大,还是学院实现发展的重要机遇,更是对优化生源结构、提升办学质量的一次严峻挑战和考验。质量是高职教育的生命线和命门,没有质量的教育是徒劳的教育,教育教学质量是实现高职"百万扩招"的应有之义,同时也展现了高职院校履行职能、服务社会的担当。适度扩大规模是高职院校现实和长远发展的需要。然而,如果扩张不当,也可能导致一系列并发症和后遗症。因此,为确保"招得进、教得好、用得上",高职院校需要提早谋划未雨绸缪,及时解决高职扩招带来的系列问题,尽早化解教学质量潜在的风险。

其四,有利于引导企业发挥办学主体功能。"百万扩招"使得原有教育资源被稀释,推动高职院校更加迫切的与专业相关的行业企业开展校企合作、产教融合。这一变化推动高职院校进一步挖掘整合校企资源的潜力,引导意向企业深入参与专业人才培养过程,主动履行学生岗位实习、专业实践培训等责任,促进自身社会服务能力的进一步提升,并推动学校与企业间建立起更加牢固的利益纽带,确保人才培养质量稳步提高。国务院政府工作报告明确提出要进一步支持企业和社会力量开办职业教育,实际上,对于职业教育来说,企业既是培养高素质技术技能人才的最佳场所,也是就业的最终场所。尤其对于退役军人、下岗职工、农民工等社会群体来说,企业可以积极尝试兴办职业院校或者职教培训中心。这不仅有利于"百万扩招"生源合理分流,也有利于扩大高素质技术技能人才供给,助推教育全面为国民经济发展、为经济社会稳定以及提升就业率服务。

第三节 存在问题

通过对省内外各高职扩招院校招生就业、人才培养、教育教学、学生管理以及授课教师与学生等多方面数据分析,进一步了解高职扩招的规模、结构、办学条件、办学质量与效益等各方面情况。从扩招学生、扩招院校两个维度,梳理出当前高职扩招在招生就业、学生学习、教学组织以及学生管理等方面存在的问题,主要表现为:

一、扩招生源考试基准线缺失

扩招生源类型多元,学情复杂,入学门槛较低,高职院校面向各类扩招学生制定的考试标准、录取标准各有差异,且暂时缺失扩招考试入学基准线,难以确保学生符合高职学校基本培养要求,最终实现高素质技术技能人才培养的目标。

二、扩招生源工学矛盾比较突出

高职扩招学生生源复杂,总体来看其社会经验相对丰富,在人际关系处理、沟通协调等方面优势明显,但同时也存在原有学习基础弱、影响学习的因素多、工学矛盾突出等问题。扩招学生分别来自普通高中、中职、技校、退伍军人、在岗职工等不同学校或群体。总体上看文化基础相对薄弱,综合理论素养不高,尤其是部分退伍军人、在岗职工已就业、已组建家庭,学习过程中容易受多种因素影响,集中在学习上的时间和精力有限,期望线上学习或线上线下相结合学习形式的占比较高。相关数据显示:基础弱、工学矛盾突出、集中上课有困难以及信息化学习能力不足等是扩招学生在学习中存在的主要困难。其中96.43%参加调研的院校认为扩招生源不同程度存在"原有基础弱、学习方法和学习能力差"等情况。同时学生不同程度反馈:对学习内容、教学方法不适应,在学习过程中比较吃力或非常吃力,部分学生无法完全、有效实现人才培养目标,个别学生无法在规定修业年限内获得应有的知识水平和技能水平。

三、部分扩招学生学习动力不足

总体上看,扩招学生对个人专业素质、技术技能水平提升需求较高,学习动力较大、学习积极性较高,多数学生对当前教学安排、教学组织形式等接受程度良好。但部分扩招学生缺乏足够的学习主动性、积极性和学习动力,超过三分之一的扩招学生反馈学习动力不足或很小;部分学生将参与高职扩招将获得文凭作为最主要的目标,而非将获取知识、提升技能作为最重要内容。同时扩招学生学习反思调整不足、学习精力集中度不高,只有稍过半数学生能集中80%以上时间和精力进行学习。此外,扩招学生更期望通过作业等较为简单易通过的考核方式来通过课程。由此可见,扩招学生在学习内容获取、适应教师教学方法等方面存在困难。

四、扩招学生人才培养质量相较略低

主要表现在扩招学生获取职业技能等级证书或其他证书的情况相较于普通学生整体略低。约1/3的院校对"扩招学生获取职业技能等级证书或其他证书"没有足够重视。扩招学生学业考试通过情况偏低:近92.86%的高职院校扩招学生考试通过率在90%以上,3.75%的学校扩招生的通过率在80%～90%。有必要进一步调整优化教学组织形式、考核方式。扩招学生出勤率、及格率还存在一定差距;学校之间扩招学生的出勤率也差别较大;学校之间及格率较为集中,绝大多数院校在60%以上。

五、扩招院校教学资源等面临压力

学校扩招后教学条件方面存在的困难:依次为住宿条件不足(占比57.14%),教学场地、实验实训仪器设备与材料不足(占比53.57%),师资不足(46.43%)。扩招生源不同程度稀释了各扩招院校的教学资源,对高职院校基础设施提出挑战。部分院校教室、学生宿舍等基本办学条件面临压力,同样的,后勤保障等配套服务工作也面临着挑战。

六、扩招院校课程等资源有待丰富

由于扩招学生自主化、个性化、多元化的学习需求,高职扩招院校在人才培养目标、教学组织形式、课程内容选取等方面面临着新的挑战。同时扩招学情的复杂性也对扩招院校现有师资教学水平、专业能力也提出新要求。高职扩招院校还需要进一步加强师资队伍建设,授课教师也须要随形而动、主

动提升专业技能和教学能力,以适应扩招学生多元化的学习需求。

七、学生管理工作面临一定挑战

针对普通学生的常规管理模式已不再适应扩招形势的需求。就当前而言,各扩招院校针对各类扩招生源实行的学籍管理、学生管理及教学管理制度上与普通学生有所区分,主要采取专人专管的方式,实习单独管理。但是由于扩招学生在职在岗、已组建家庭情况居多,其工作、生活、学习难以同步进行,容易受到各种干扰和影响。由于上课时间、学习方式情况等与普通生源差别较大,扩招学生在日常学习中的请假、缺勤情况较多,宿舍管理、班级管理等方面的管理难度加大,再加上扩招学生社会阅历广、社会经验相对丰富,因此高职扩招院校的学管队伍面临新的挑战。

八、缺少具体明确的指导性学业标准

相比于普通学生的要求,绝大多数的高职院校对扩招学生的学业标准、毕业要求与前者基本一致。96.43%的学校对扩招学生的要求不低于普通学生,以满足教育部对扩招生源"标准不降"的培养要求;个别少数院校认为扩招学生要求低于普通学生。

当前面向扩招学生的学业标准表述为"标准不降、质量不减",各高职扩招院校反馈较为笼统,不容易细化执行。在扩招学生学业标准要求上,需要分类制定并统一出台指导性学业标准,明确具体要求、操作规范,并且可量化、可执行。

九、扩招院校办学经费面临挑战

2019级扩招学生现已毕业,据调研,绝大部分扩招院校未实现面向扩招学生收取学费。建议对于扩招院校应当给予适当补贴,以解决在宿舍、办学条件、资源建设方面的经费投入问题。

第三章　山东省高职扩招 SWOT 矩阵分析

2019 年李克强总理在《政府工作报告》中提出要"多管齐下稳定和扩大就业",并且提出"改革完善高职院校考试招生办法,鼓励更多应届高中毕业生和退役军人、下岗职工、农民工等报考,今年大规模扩招 100 万人"[19]。同年教育部等六部门联合印发了《高职扩招专项工作实施方案》,明确了高职扩招的主要方向、主要任务。报告和方案的为高职院校扩招工作奠定了基础,指明了方向,全国各高职院校纷纷响应要求,提出各自的扩招方案。扩招同时也将迎来一系列诸如办学理念、办学体制、办学模式、办学条件新的变化,新形势带来新机遇,也带来一系列新挑战。面对当前发展的大好时机,高职院校应当勇于担当、抓住机遇,探索适合自己发展的举措,贯彻落实好扩招百万政策,助推高职教育迈向更高台阶。

SWOT 分析,即态势分析法,是哈佛商学院的 K.J.安德鲁斯于 1971 年首次提出的,就是将与研究对象密切相关的各种主要内部优势、劣势和外部的机会和威胁等通过调查列举出来,并依照矩阵形式排列,然后用系统分析的思想把各种因素相互匹配起来加以分析,从中得出一系列相应的结论,而结论通常带有一定的决策性。运用这种方法,可以对研究对象所处的情景进行全面、系统、准确的研究,从而根据研究结果制定相应的发展战略、计划以及对策等。

本文采用企业管理的 SWOT 分析法用在职业教育领域,从高职院校扩招百万的内部优势(Strength)和劣势(Weakness)、外部机遇(Opportunity)和挑战(Threat)等四个维度进行系统梳理,形成 SO、ST、WO、WT 策略,构建

SWOT矩阵分析框架,探索可行性的应对策略,以便更好地为高职院校扩招提供一定的理论支持[20]。

第一节 高职院校内部优势条件分析(Strength)

一、高职教育在培养突出应用技能型人才方面优势突出

与传统的高等教育培养以理论知识为主相比,高职教育更侧重于应用型技能培养。定位于上手快、能力强、业务精的应用技能型实践人才,高职教育在专业设置、培养方案、课堂教学、课外活动、见习实习、毕业论文等各方面各环节更加突出实践取向的办学理念,办学灵活、面向企业生产一线,直接对接岗位要求,主要培养能够分析和解决生产一线问题的高素质技术技能人才;与中职教育相比,高职教育的课程广度和深度更高一个台阶,学生的专业可拓展性相对更高。

二、高职教育吸引力持续增强,社会影响力持续扩大

根据《2020年山东职业教育年报》数据,山东高职院校以习近平新时代中国特色社会主义思想为指导,统筹推进疫情防控与高等职业教育改革发展,落实立德树人根本任务,加强学生理想信念教育、爱国主义教育、中华优秀传统文化教育,加强学校体育、美育、劳动教育和心理健康教育,着力培养学生职业素养、职业技能、劳模精神、工匠精神,人才培养质量持续提升,高职教育吸引力持续增强,社会影响力持续扩大。74所高职院校向社会输送毕业生255 172人,76所高职院校入学新生301 327人,全日制高职在校生802 147人。

三、高职毕业生就业率稳步上升,就业渠道不断拓宽

初次就业率相对稳定。毕业生初次就业率92.69%。受疫情叠加因素影响,就业率虽较前三年有所下降,但与2016届毕业生就业率基本持平。就业率最高的院校为98.70%,最低的65.32%,40所院校初次就业率高于95%,56所院校就业率超过90%。

近五年山东高职毕业生就业率如图3-1所示。

图 3-1　山东省近五年高职毕业生就业率

就业渠道不断拓宽。2020届毕业生职业选择更加理性,就业方向更加多元:选择留在当地就业的毕业生128 743人,占毕业生总数的一半;选择到中小微企业等基层就业的毕业生143 433人,占56.17%(图3-2)。选择到西部地区和东北地区就业的毕业生5 879人。34 818名毕业生选择了专升本、留学、参军入伍、自主创业。到"500"强企业就业的毕业生22 386人,占毕业生总数的8.77%。一大批优秀毕业生到山东钢铁、海尔集团、海信集团、五征集团、鲁南制药、山东建工集团、冰轮集团等山东知名企业就业,积极服务山东省新旧动能转换。

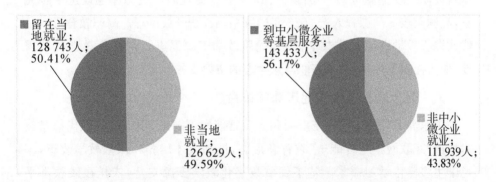

图 3-2　山东2020届毕业生在当地就业和到中小微企业就业情况

四、高职教育发展空间更加广阔

改革开放40余年以来,我国经济持续快速发展,职业教育功不可没。我国高职教育获得了长足的进步,"十三五"期间我国重点建设了197所特色高水平职业院校,培养出大规模的技能人才。数据显示,我国技能人才已超过2亿人,占就业总量的26%。但同时也进入了发展瓶颈,高技能人才仅有5 000万人,占技能人才总量的28%,与德国、日本等制造强国相比仍有差距。

习近平总书记在对职业教育工作做出的重要指示中强调:要坚持党的领

导,坚持正确办学方向,坚持立德树人,优化职业教育类型定位,深化产教融合、校企合作,深入推进育人方式、办学模式、管理体制、保障机制改革,稳步发展职业本科教育,建设一批高水平职业院校和专业,推动职普融通,增强职业教育适应性,加快构建现代职业教育体系,培养更多高素质技术技能人才、能工巧匠、大国工匠[21]。

随着国家层面的政策支持,职业教育发展将迎来新的发展阶段。全国职业教育大会对破解职业教育发展"瓶颈"问题,释放了积极信号。大会提出的提高技术技能人才待遇,畅通职业发展通道,增强职业教育认可度和吸引力。职业教育如何与普通教育横向融通、协调发展、如何让职业教育与普通教育学生在升学、求职、工作待遇、职务晋升等方面享有更多平等机会等话题备受关注。

五、线上课程开设数量、质量大幅提升

2020年高职院校线上开设课程数达25 222门,较上年度增加9 236门,线上开设课程数占课程总数的35.17%。在2020年上半年新冠疫情期间,山东省高职院校主持的31个国家级、46个省级专业教学资源库建设进一步完善,高职院校8门课程入选2020年国家精品在线开放课程。高职教育形成了优质课程教学资源共建共享体系,优质教学资源促进了信息化教学改革需要,成为停课不停学、变革高职课堂生态的重要支撑。

六、混合式教学模式促进课堂革命

山东高职院校适应科技发展和人工智能发展要求,积极利用现代信息技术推进"互联网＋""智能＋"教育新形态,推动人才培养和课堂教学改革,满足学生多样化学习需求。基于优质数字化教学资源支持,依托在线教学平台,推进网络学习空间应用,创新"线上线下、模块化""线上线下、职场化"等多种形式的混合教学模式改革,极大调动了学生参与积极性;基于大数据分析技术支持,融合学生学习行为分析"变革"了课堂评价模式;混合式教学模式促进课堂革命,推动了有效课堂建设。

第二节　高职院校内部劣势条件分析（Weakness）

一、高职院校办学经费普遍不足

据中国教育科研研究院《2021中国高等职业教育质量年度报告》的数据表明，虽然增加了对高职教育的投入，但经费不足仍是困扰高职教育发展的主要瓶颈。例如，2020年高职高专教育投入仅占高等教育投入的19.7%，而高职高专在校生占到高等教育人数的44.43%，人均教育经费远低于普通高等教育。而根据西方发达国家经验，职业教育办学成本应是普通教育的3倍左右，所以目前我国高职教育在总体投入上仍普遍存在不足。

二、高职院校师资队伍有待加强

2020年山东省高职院校专兼职教师总数60 157人，其中校内专任教师37 465人，占62.28%，校外兼职教师17 320人，占28.72%。专任教师中，高级专业技术职称专任教师占比为32.13%，与2019年相比略有上升；具有硕士研究生及以上学历15 077人，占40.24%，具有硕士及以上学位23 320人，占62.24%，高学历、高学位教师数量比去年分别提高1.32%、0.25%。具备双师素质的教师占专任教师的68.67%，双师比例稳定在60%以上。校外兼职兼课教师中，兼职教师17 320人，占总数89%；校外兼课教师2 140人，占11%。企业兼职教师年课时总量2 394 657课时，占年度总学时的25%，比去年提高1.48%，兼职教师在实践教学中的参与度逐步提升。全省高职院校师资队伍力量虽然在不断提升，但仍较为薄弱，还有待加强。

三、学生自主学习能力有待提升

目前高职院校的扩招生源主要集中在在职职工、职业农民等已经有工作但需要充电的人群，还有一部分为下岗职工或转业的退役军人等。这些人群大都为非应届毕业生，他们较长时间脱离校园集中学习，其学习习惯、学习能力距离普通在校生存在不小差距。

四、校企合作，产教融合方面有待新突破

大部分高职院校在产教融合过程中仍处于摸索过程，融合程度不深，缺

乏灵活有效的校企合作机制,产教融合仅仅停留在跟岗实习、顶岗实习、订单合作培养上,未能充分融合发挥校企双方资源优势;同时高职院校科技成果转化率较低,科技研发水平与企业实际需求存在差距,无法准确把握校企合作切入点,对企业的吸引力较小,校企合作呈现"学校热、企业冷"的态势,高职院校在灵活设置教育模式、深度融合产教发展方面仍需做出新的突破[22]。

第三节　高职扩招外部机遇分析(Opportunity)

一、国家层面政策

2019年8月20日,习近平总书记在甘肃考察时,强调实体经济是我国经济的重要支撑,做强实体经济需要大量技能型人才,需要大力弘扬工匠精神,发展职业教育前景广阔、大有可为。可以说为加快构建现代职业教育体系、推动职业教育高质量发展指明了方向[23]。

当前国家对职业教育重视的程度之高前所未有,相继出台了《国家职业教育改革实施方案》《加快推进教育现代化实施方案(2018—2022年)》《职业教育改革成效明显的省(区、市)激励措施实施办法》《高职扩招专项工作实施方案》《关于全面做好退役士兵职业教育工作的通知》《深化新时代职业教育"双师型"教师队伍建设改革实施方案》《关于做好扩招后高职教育教学管理工作的指导意见》等一系列方案。国家层面这一系列文件的发布,为高职百万扩招提供了有利的政策支持。

随着职业教育系列改革的推进,我国将逐步建立职教高考制度,健全国家资历框架制度,搭建产业人才数据平台,完善专业教学标准,支持产教融合型企业。这些举措将快速推动职业教育迈上新台阶。

二、省级层面政策

山东省教育厅等11部门出台《山东省高等职业院校扩招实施方案》(鲁教职发〔2019〕1号),确保高职教育扩招入学有基础、教学有标准、培养有质量、就业有优势、发展有前途。同时出台《教育部、山东省人民政府关于整省推进提质培优建设职业教育创新发展高地的意见》,建立了部省协同推进机制,重点对办学条件提升、专业群建设、生均拨款等给予资金支持。山东从省级层

三、落实高职扩招，持续推进职教高考改革

山东省高职教育落实扩招政策，面向广大城乡社区工作者、下岗失业人员和农民工、在职工人、退役军人等进行扩招。2020年全省扩招录取11.74万人，其中，退役军人0.82万人，下岗失业人员、农民工、在职工人1.07万人。继续推进职教高考制度，职教高考本科录取比例由6∶1提升到4∶1。2020年全省中等职业学校（含技工学校）升学深造人数达21万，占毕业生总数的70%，其中，通过职教高考，本科录取1.5万人，专科（含单独招生）录取超过11.5万人，"3+4"贯通培养转段录取3 000余人，五年制高等职业教育转段录取近8万人。

四、社会经济发展，产业结构转型升级

近年来，高科技逐步成为新的经济增长点，一批制约中国发展的瓶颈技术在不断得以突破，芯片技术、高分子材料、生物医药、信息技术等科学技术的飞速发展带来了新一轮的产业变革。随着国内产业结构调整转型升级，高级技术工人的缺口越来越大，截止到2020年，我国高级技工缺口高达2 200万人，制造业也出现了"用工荒"的局面。与现代产业结构相匹配的技术工人队伍结构，应该是中级和高级技术工人占多数。发达国家技工队伍的高、中、低结构占比分别为35%、50%、15%，而中国高级技工只占6%。对比日本高级技工40%的占比，德国50%的占比，差距还是很大，要想缩减或者解决这种差距，需要大力发展职业教育。

第四节 高职扩招外部挑战分析（Threat）

一、高职教育的社会认可度低，吸引力不够

按照传统的眼光，高职毕业生仍然远远不及普通高等教育。对于广大望子成龙、望女成凤的家长来说，他们多数对职业教育还抱有偏见，用人单位也普遍对高职生存在歧视；另外，技术工人上升的渠道和空间有限，社会地位有待提升，这就造成高职的社会吸引力不够。根据调查，在中国，愿意主动从事技工职业的工人只占1%，认为工人社会地位低和工资低的人高达90%。这

反映出轻视技能、不愿意从事技能工作的社会观念尚未改变！

二、教学资源分布不均衡，无法承担扩招后的教学需求

高职院校百万扩招以后，一方面相应的社会投入短期内未跟上，社会资源仍然向普通高校倾斜，人均投入的不足将更加明显；另一方面，扩招后社会生源比例大大增加，高职院校需转变教学方式，适应新形势下的教学需求，采用灵活的教学组织形式，做到扩招的同时不降低教学质量，这对高职院校来说是很大的挑战。

三、高职院校更好融入经济社会发展面临挑战

高职教育是国民教育体系的重要组成部分，在社会经济发展中承担着培养和造就适合市场需求的高素质技能人才的任务。职业教育是当地经济社会的重要晴雨表，应密切联系服务于地方经济，紧密贴合地方产业发展的需求。

山东新旧动能转换、产业升级发展需要大量的人才作为支撑，高职院校担负着重要使命。把地方高职教育的人才培养和专业设置纳入区域产业结构规划中，力争保持专业结构与区域产业结构相对接，实现高职教育与产业发展高度耦合发展，才能让高职院校更好地融入地方经济社会中来，才会有源源不断的发展动力。

四、构建高质量职业教育体系面临挑战

技术技能人才成长"断头路"和职业教育"天花板"现象，是职业教育发展的重要堵点，打通职业教育发展通道，提升职业教育地位，完善职业教育体系是解决职业教育发展的必由之路。实施职业教育本科促进计划，重点支持国家"双高计划"，培育高职院校升格为职业技术大学，扩大应用型本科院校、本科层次职业学校通过高职分类考试及"专升本"招收中职学生和高职学生的规模和比例，加快建立健全纵向贯通、横向融通的现代职业教育体系[24]。

第五节　SWOT 分析小结

为稳妥推进高职百万扩招的实施，需要从各个方面全面分析利弊得失，从制度、组织层面提出解决办法，统筹考虑师资、生源、培养方案、融入地方发

展等各方面,从而找到适合自身发展的实施路径。根据上文分析,还需要通过构建SWOT矩阵框架,给出合理科学的策略。

上述SWOT模型可形成四种策略:SO是分析扩招内部优势与外部机遇而形成的一种最优策略;WO组合分析高职扩招的外部机遇,改变劣势从而形成优势的策略;ST是利用扩招自身优势,规避外部劣势的策略;WT在通过减少高职扩招的内部劣势,规避外部劣势的策略。四种组合中SO是最佳组合策略。

一、基于SO方面的战略分析

融入区域经济发展,精准对接产业发展岗位需求、调整扩招专业、合理分配招生计划,灵活制定招生方案。招生计划应按照区域岗位需求,重点发展核心专业。针对不同的招生人群,灵活制定招生考试形式,建立适合的分类选拔制度。参照职业技能等级,对于符合政策规定免试条件的考生,可以免试入学。

科学制定人才培养方案,进一步细化学业标准。根据产业升级和经济结构调整对技术技能人才的需求,制定符合学生个性特点和学习需求的个性化、动态化、弹性化的人才培养方案。以学生为中心,充分了解扩招学生在学习中存在的困难和问题,针对学习内容、教学方法、教学组织等方面的问题有针对性地提出对策,为扩招学生提供丰富的学习资源,切实帮助学生解决学习中的困难和疑惑,助力学生成长成才。针对复杂多元的生源类型,在学业标准上,建议国家层面分类制定并统一出台指导性学业标准,标准应明确具体、可量化、可执行。

探索实施"1+X"证书制度,推行学习成果的认定。统筹专业(群)资源,深入研究职业技能等级标准与有关专业教学标准,推进"1"和"X"的有机衔接,建立学历证书与职业技能等级证书的互通衔接,将证书培训内容及要求有机融入专业人才培养方案,优化课程设置和教学内容,推行学习成果的认定、积累和转换。根据学生取证需要,对专业课程未涵盖的内容或者需要特别强化的实践实训,在培训评价组织支持下,组织开展专门培训,同时可面向社会成员开展培训和学历提升。

二、基于ST方面的战略分析

积极推动三教改革,激发学生的学习兴趣。不断加大教师、教材、教法

"三教"改革力度,着力做好"立德树人"工作,坚持"三教"改革,提高人才培养质量。组建高水平、双师型教学团队,通过内部挖掘培养,外部择优引进,集中资源优化双师素质。不断强化师德师风养成,推进教师进企业、企业导师进课堂,提升教师总体实践教学能力。设置名师、大师工作室,指导专业和课程建设。引进企业技术和管理骨干充实到高职教师队伍当中,成为实训课程教师,服务实训室建设。

开发适用于不同生源类型的新型活页式、工作手册式教材。适应"互联网＋职业教育"发展需求,建好、用好职业教育专业教学资源库,促进优质资源共建共享。积极创新、探索基于信息化的教学模式。引入智慧课堂,鼓励教师积极探索移动终端的线上线下混合式教学、虚拟现实互动教学以及基于行动导向的模块化教学等新型教学方法。

健全内部质量保障体系。建立完善的内部质量保障体系,细化涵盖学校、社会、家长等各方共同参与的职业教育质量评价机制。优化人才培养全过程管理、评估和反馈机制,建立多元评价方法,将过程评价与结果评价结合起来。

三、基于 WO 方面的战略分析

创新教学管理模式,因材施教,实行分类分层教学。扩招的生源主要面向退役军人、在岗职工、农民工等。部分生源的文化基础、学习习惯、学习时间等与应届毕业生相比有较大的差异,如何做到标准不降,这就要求高职院校必须改变人才培养模式以适应新的生源基础、生源结构的需求,应充分利用互联网信息化和各大教学平台的教学资源,采用周末和晚上集中授课学习,平时自主学习的线上线下混合式教学等方式方法。

建立灵活的人才培养方案、建立弹性课程结构,做到因需施教,分类教学管理。探索符合学生实际能力需求的教学方法,促进学生核心能力深化和综合素质提升;针对扩招学生基础知识薄弱的现状,开设集中补习讲座,鼓励学生通过网络课程、"学堂在线"等途径提升专业基础;提高实践课程比例,鼓励学生参与灵活多样的专业实践,在课程实践中做到理论联系实际,不断构建起学生专业知识体系。

深化校企合作,产教融合。山东省是国家产教融合试点省份,济南、青岛是首批试点城市。2020 年出台了《山东省产教融合型企业建设培育方案》《山东省教育厅等 14 部门关于推进职业院校混合所有制办学的指导意见(试行)》，迈出了政府、行业、企业、学校、社会协同推进产教融合的新步伐，确定了混合所有制办学形式、开设要求以及办学管理模式。各地政府也将在财政拨款、税收等方面给予支持，同时将深入推进职业院校混改试点。校企共建共享各类资源，在课程与教材开发、学生实习与就业、员工培训、技术服务、捐赠设备、共建实验实训场所等方面的合作均持续深入，产教融合环境进一步优化，扎实推进校企合作，全面加强职教集团建设，整体推进高职院校整建制混合所有制改革，全力促进校企协同育人，有力推动了高职教育人才培养质量提升。

四、基于 WT 方面的战略分析

优化扩招学生管理队伍，制定柔性化的管理制度。选拔具有一定社会阅历、思想成熟、具有管理能力的学生做管理人员，重点选拔具有企业管理经验或优秀退役军人，编入扩招学生的管理队伍当中。在管理方面，高职院校应充分考虑学生的学习经历、工作环境、生源类型、认知能力、社会地位等差异带来的管理挑战，把以往全日制的刚性管理转化为"分段式"弹性管理，采用灵活多样的固定与非固定学制相结合、分散与集中教学相结合、线下与线上教学相结合的培养方案。

优化配置教学资源，扩大教学容量。高职院校大扩招后学生数量将大幅度增加，使得本来就不宽裕的教学资源更加紧张。学校在教学场地、实训基地、教学设备、师资力量等各方面更加捉襟见肘。这种局面下，高职院校要充分发挥社会资源的力量，深度融合地方发展，建立可持续的校企合作模式，采用灵活的办学模式、弹性的岗位设计，扩大教学容量。

健全多渠道教育经费投入机制，加大经费投入力度。职业教育经费不足，关键还在于地方政府对职业教育的重视程度不够，国家财政性拨款比例偏低，且受政策资源影响，社会捐赠、企业捐赠等其他渠道的投入明显不足，多渠道投入体制成效甚微。很多院校出现"负运行"，职业教育难以为继。

因此，要想下好高职百万扩招这盘棋，必须充分发挥政府的宏观调控作用，做好全方位顶层设计，健全职业教育经费投入机制，尤其是提高经济欠发达地区职业院校的统筹层级。经济欠发达地区的职业学校由市级政府统筹管理，并在全市层面统筹职业教育资源。职业教育发展的每一项改革都与经费有关联,薄弱地区职业学校要"办下去"、办出特色、办出水平,离不开经费投入。显然,健全经费投入机制也势必关系到职业教育改革的走向。加快现代职业教育发展,促进职业教育特色发展、高水平发展,必然要求"健全经费投入机制"从文件向制度层面落地生根。

结合山东省高职扩招的实际情况,SWOT 矩阵战略分析见表 3-1 所示。

表 3-1 SWOT 矩阵框架

	内部优势(S)	内部劣势(W)
内部条件 外部条件	1. 高职教育在培养突出应用技能型人才方面优势突出。 2. 高职教育吸引力持续增强,社会影响力持续扩大。 3. 高职毕业生就业率稳步上升,就业渠道不断拓宽。 4. 高职教育空前大发展。 5. 线上课程开设数量大幅提升。 6. 混合式教学模式促进课堂革命	1. 高职院校办学经费普遍不足。 2. 高职院校师资队伍有待加强。 3. 学生自主学习能力有待提高。 4. 校企合作,产教融合方面有待新突破
外部机遇(O) 1. 国家层面政策。 2. 省级层面政策。 3. 落实高职扩招,持续推进职教高考改革。 4. 社会经济大发展,产业结构转型升级	SO 战略 1. 融入区域经济发展,精准对接产业发展岗位需求,调整扩招专业,合理分配招生计划,灵活制定招生方案。 2. 科学制定人才培养方案,进一步细化学业标准。 3. 开展"1+X"证书制度,推行学分成果的认定	WO 战略 1. 创新教学管理模式,因材施教,实行分类分层教学。 2. 深化校企合作,产教融合
外部威胁(T) 1. 高职教育的社会认可度低,吸引力不够。 2. 教学资源分布不均衡,无法承担扩招后的教学需求。 3. 高职院校服务经济社会发展面临挑战。 4. 构建高质量职业教育体系面临挑战	ST 战略 1. 积极推动三教改革,激发学生学习兴趣。 2. 健全内部质量保障体系	WT 战略 1. 优化扩招学生管理队伍,制定柔性化的管理制度。 2. 多渠道深挖资源,扩大教学容量。 3. 健全多渠道投入机制,加大经费投入力度

第四章 "质量型"高职扩招招生策略

高职"质量型"扩招必需面临三个招生问题：百万扩招的内涵与育人标准如何精准释义于扩招生源？扩招生源如何有效获取高职院校招生信息？哪些招考方式更适用于扩招生源的入学测试？这些问题的根源在于扩招生源与传统生源之间、招生渠道与生源对象之间信息不对称。在整套科学而精细的高中学习、宣传、考试、录取体系下，作为传统生源的应届高中毕业生和高职院校在招录过程中达成了一种默契。反观退役军人、下岗职工、农民工等群体，他们往往处于获取高职院校招生信息渠道不畅通、获取信息量少的尴尬境地；对百万扩招深入地宣传和释义更加无从谈起，招生主体与被招生客体两者之间的信息不对称是实施百万扩招的一道壁垒。此外，百万扩招计划与"挤独木桥式"的普通高考在招考方式上截然不同，针对不同生源类型采取相对适宜应考主体的方式进行入门测试，这也是区别于其他教育类型的特色之一。《高职扩招专项工作实施方案》中提出三种考试方式：针对中职学生采取"文化素质＋职业技能"考试方式；针对"四类人员"采取职业适应性测试或职业技能测试（文化课免试）；针对技能拔尖人才，高职院校可直接免试录取，同时，将职业技能等级证书纳入考试体系，可以免试相关专业的技能测试。如何做好"不降低培养质量"前提下有效实施"宽进严出"，这将对高职院校扩招后的教学管理、质量保障、就业创业等体制机制提出严峻的考验。

第一节 分类制定招生计划

一、强化组织领导，细化工作落实

各高职院校应提高政治站位，将扩招工作定位为各高校改革发展的"一把手"工程，成立扩招工作领导小组，党委书记和院长任组长，各部门要按照领导小组的统一安排和部署，按照"谁主管、谁负责"的原则，各司其职，主动研究解决扩招专项工作中的问题。严格按照时间节点、任务分工，积极主动作为，加强协同联动，积极研究制定配套文件，形成工作合力，齐抓共管，共同完成招生计划制定、招生宣传、考试录取等专项工作。

二、分类制定招生计划，体现系统性和科学性

传统高职院校招生工作的开展是与普通高等院校同步进行的，基于统一高考分数来开展各项工作，具有相对单一、固定的工作标准。在高职扩招"百万计划"的背景下，生源对象发生了巨大的变化，不再是单一的普通高中、中职毕业生等，而是将退役军人、下岗失业人员、农民工、企业在岗职工等具有学历需求、技术技能需求的社会群体也涵盖在内。因此更需要因地适宜、科学、合理地分类制定招生计划。

三、全员深入招生宣传，建立多渠道专业咨询机制

中职毕业生和应（往）高中毕业生群体由于缺乏职业经历，往往不清楚专业的学习目的及职业方向等。故此，报考和入学前的专业咨询尤为重要。而在职职工、农民工、下岗职工等群体虽然具有从业经验，但是获取高职院校专业信息的渠道不畅通。鉴于上述情况，高职院校可以通过组建专业咨询团队，让招生教师、就业指导教师、专业骨干教师通过招生宣传、志愿填报、入学教育三个阶段宣讲专业的学习目标、培养方式、就业方向、从业前景等信息。通过制作内容丰富、图文并茂的资料，利用网站、微信、微博等各大主流媒体及时发布。宣传职业教育改革相关政策，宣传各高校的特色专业和办学优势，宣传高职扩招工作的时间节点及相关程序。同时，通过公众号、电话、QQ群、"小红书"等官方账号及时解答考生疑问，招生办安排专人接待来访，有效解决扩招生源盲目选择专业、跟风追随热门专业的现象问题。教职员工

可奔赴各县区,深入到企业、社区和农村,进行面对面、点对点精准宣讲,鼓励符合条件的高中、中职毕业生或具有同等学历人员、退役军人、下岗失业人员、农民工等踊跃报考,并为他们答疑解惑。

第二节 创新考试录取模式

"扩招"并不等于降低录取标准,不是只要报名就能录取,应当设定录取底线,即以"升学意愿强烈且符合基本培养要求的考生"为录取对象。针对不同群体考生特点,可创新模式,多措并举,建立"分类测试"招考体制,严格把好人才选拔关。

一、完善扩招分类考试制度

针对高职生源质量的甄选过程,"职教20条"明确要求:完善"文化素质+职业技能"的考试招生办法,建立健全"职教高考制度"。高职院校要积极推进招考制度改革,针对不同生源,制定不同的招考方式,解决"职教高考制度"试点阶段出现的考试标准模糊、互认机制不明、考核重心偏离等问题,完善分类考试制度,体现机会公平。

二、构建职业技能和职业素养测试比重占主导因素的录取模式

扩招生源与传统高考生源存在年龄结构、社会经历、生活习惯、思想状态等多方面差异性,因此选拔重点也应体现差异,高职院校要做到精准施策。作为传统生源中职毕业生和应(往)高中毕业生,可以在传统的招考模式上融合职业素养的测试,目的在于分析考生的职业性格、职业思维等内容,最终可形成考生的个性测评报告,具有可量化性。针对在职职工、下岗职工、农民工等群体,他们具有一定的社会阅历和工作经验,但文化知识相对薄弱,应减少文化考试比重,加大职业技能和职业素养测试比重,选拔出具有学习潜质并能适合相关专业学习的考生。对于符合免试条件的技能拔尖人才及已获得相关职业资格(技能)证书的人员予以免试录取。

三、合理设置考试评价方式,制定严格的考务制度

为贯彻落实好高职扩招专项工作要求,应做好疫情防控工作,全面深化职业教育改革,统筹做好高职扩招招生工作,确保有序平稳、高质量完成扩招

工作,结合实际,并制定出具体考试方案、考务工作手册等相关制度规定。近几年,因为受疫情影响,大部分高校采用网上测试的方法进行考试。考生使用手机即可作答,考试期间配备监控系统,对考生答题过程进行实时录像。此类录像视频应留档。针对不同生源类别,应采取不同考试方式:

(1) 普通高中毕业生成绩为:"综合素质评价"+"素质测试"。

(2) 中职(含中专、技工学校、职业高中)毕业生成绩为:"文化素质"+"专业技能"。

(3) 对于退役军人和下岗转岗失业人员、农民工,免予文化素质考试,学校组织素质测试。

(4) 对于符合免试条件的技能拔尖人才及已获得相关职业资格(技能)证书的人员予以免试录取。

第五章　质量型高职扩招人才培养策略

第一节　分类制定人才培养方案

因为扩招生源复杂,科学制定以学生为本、以实现不同类别学生全面发展为目标的专业人才培养方案尤为重要。实施分类培养和个性化培养,提升扩招学生的基础素养、技艺技能,可以培养学生具有专门知识、具有从事不同行业的能力和素质。面向扩招生源制定科学可行的人才培养规划图势在必行。

一、科学制定培养方案,确保"质量不减　标准不降"

坚持以立德树人为根本,坚持工学结合、知行合一,健全德技并修育人机制,按照不同生源特点,分类制定人才培养方案,构建德智体美劳全面发展的人才培养体系,面向行业、服务区域经济发展、促进就业。深化产教融合、校企合作,规范人才培养全过程,从而高质量培养复合型技术技能人才。

对学生进行调查进而充分了解学生的诉求,在掌握学生的学习、工作、生活情况的基础上,根据产业升级和经济结构调整对技术技能人才需求,分类制定符合学生个性特点和学习需求的人才培养方案。高职院校科学应制定教学方案,开发理论和实践相结合的课程体系,提高学生的知识理论素质,同时也提高学生的职业技能,让学生在学校学习中真正得到成长。

二、德技并修,分类解决学生具体培养需求

以学生为中心,以提升学生知识理论水平和技术技能水平为重点,加强师生沟通联系,充分了解扩招学生在学习中存在的困难和问题。在学习内

容、教学方法、教学组织等方面的问题有针对性地提出对策,为扩招学生提供丰富的学习资源,切实帮助学生解决学习中的困难和疑惑,助力学生成长成才。

三、开齐开足思政课,重视学生思想政治教育

采取在专业课程学习与实习实训中融入专业精神、职业精神和工匠精神的方式开齐开足思想政治理论课、党史国史课、中华优秀传统文化等相关课程;开展主题教育活动(爱国爱党、维护安全等方面)以及开设相关内容讲座等形式来具体实施思想政治教育。

第二节　制定实施学分制改革方案

2013年10月,山东省印发《山东省普通高等学校学分制管理规定》(鲁教高字〔2013〕14号),指导包括高职院校在内的各高校开展学分制管理。截至2021年,山东省共组织开展三批次高等职业院校实施学分制管理试点,指导各院校以提高人才培养质量为目标,整体规划、系统设计、不断完善学分制改革实施方案。

山东省高职扩招实施方案对全面推进学分制教学做了具体部署安排:要求"实施分类教学,全面推进学分制,探索建立学分银行"。在学生管理方面,经录取后,A类学生与通过高考入学的应届高中毕业生共同进行培养。对于B类、C类学生,按照"标准不降、模式多元、学制灵活"原则要求,通过结合学生生源特点和教学实际,创新教学组织形式、教学模式以及考核评价方式,参照全日制普通高职院校的专业人才培养目标和规格,有针对性地制定单独人才培养方案,实行单独编班、教学及考核评价。同时针对B、C类学生探索开展"1+X"证书制度试点,完善以证代考制度,对于已获得相应职业技能等级证书、职业资格证书和行业企业实践经历的学生,可给予相应的学业学分。另外可探索建立全省职业教育教学资源平台,对于在资源平台的学习经历和成果可按照相关规定转换学分并计入学生档案。

为确保高职扩招学分制改革顺利实施,强化政策保障,在学分收费方面,目前已经开展学分制收费管理的高职院校继续按照已确定的学分制收费标

准和具体所修学分数收费。目前尚未实行学分制收费管理的高职院校,按照专业收费标准收费。

本研究对山东省高职院校针对扩招学生的学分制改革情况进行了调研。数据显示:所调研院校全部采用学分置换的方式,过半高校反馈所有课程都可进行学分置换,占比为53.07%,大部分课程可以置换的占28.84%。高职院校针对扩招学生进行学分置换内容丰富多样:如已取得的职业技能证书、工作经历、相关培训经历等均可相对应地置换学分或免修相关课程。在对扩招学生实施学分制的方式方面,75%的省内高职院校允许扩招学生用已取得的职业技能证书兑换学分,允许工作经历、相关培训经历认定后可折算成相应实习实训学分或免修相应课程;32.14%的高职院校允许学生用自考、成人教育、网络教育等其他途径的课程学习兑换学分;另有5所院校参与职业教育国家学分银行试点进行学分兑换。根据对学分置换情况数据进一步分析发现:扩招学生用于置换学分的成果中,相关所学课程、技能等级证书和职业资格证书占据前三。

第三节 创新教学模式

人才培养质量是教育的生命线。要在高职大规模扩招的同时守住教育质量底线,高职院校就必须针对学情变化和行业技术发展趋势匹配与之相适应的教学模式。针对这个新课题,我们从人才培养方面做了积极的探讨,主要集中在:

一、实行学分和弹性学制

打破常规学制设置,深化学分制改革,采用半工半读(夜班、周末班)等形式,帮助学生修完学分、完成学业,从而灵活满足不同学习者的需求。

推行学分模块化,将所有课程分成必修课和选修课,选修课再分为限选课和任选课。必修课是指各专业为实现人才培养目标,要求学生必须掌握的基本理论、基本知识、基本技能,是该专业每个学生都必须完成的课程。必修课是专业中的基础和固定模块。选修课是指各专业需要学生掌握的某方面专门知识或为提升、强化某方面素质而开设的课程。限选课是活动模块,根据专业的专门化发展方向组合的课程。根据本专业毕业学生可能的发展方向，尽可能多地设置活动模块供学生选择。任选课是指学生为优化知识结构、拓宽知识面、发展个人的特长和爱好，在开设的全部课程中可以自主选择的课。学生在选择任选课时，学校应对学生进行适当引导，引导学生关注职业岗位需求和知识的前瞻性。

实行弹性学制，为学生成才创造多种途径。学生修满学分可以提前毕业；对于规定年限内难以达到毕业要求的学生，允许其延长在校学习时间；家庭经济困难的学生，学习期间可以休学打工，累积一定的经济和社会经验以及技术专长后，可以回校继续完成学业，直到修满学分毕业；鼓励学生参加社会上举办的各种技术、技能等级考试，换取实践学分。

二、采用学分置换

根据教学管理主体规定的课程置换要求和标准，对学习者通过其他方式取得的可以置换的学业相关成绩（或成果），经过审核，对标置换方案或置换标准，认定某门课程或某门课程的部分内容。

高职扩招学生中退役军人、下岗职工、农民工等人群占有较大比例。若按照常规学业管理，容易导致相同、相似内容重复学习，徒增学生负担，浪费教育资源。学分置换则对于学生、学校和社会具有实际意义，对调动扩招学生学习积极性、主动性，推进兴趣导向、实践导向的培养具有重要意义。对学分银行建设和运行、"1+X"证书制度实施也同样具有重要意义。

学分置换标准建设需要把握如下原则。一，等量原则。高职扩招学生已形成的学业相关成绩或成果在与常规教学课程体系中的课程或者课程数在量上相当。如获得一项技能证书能对应置换相关课程的多少学分。二，同质原则。高职扩招学生已形成的学业相关成绩或成果在常规教学课程体系中的课程或者课程数在性质上应当相同或者相近。即专业相关的应当在专业基础课或者专业课中对应。如素质课可以对应思想政治或者选修课等。三，层次原则。高职扩招学生已形成的学业相关成绩或成果在常规教学课程体系中的课程或者课程数在知识或者技术难度（或者高低层次）上应当相同或者相近，或者用高层次置换低层次。反之，高层次置换低层次课程则需要视具体情况再研究。四，客观原则。制定置换标准时，要结合高职扩招学生实际，与高职扩招学生在日常工作学习中参与的相关学习相结合。聚焦高职扩招学生参与工作实践、技术研发、工程安装等,与学业关系紧密,符合实际。

三、发展现代学徒制

现代学徒制是深化产教融合和校企合作的有效途径,是教育主动适应社会经济发展的创新技能人才培养模式。现代学徒制由学校与合作企业联合招生,招生即招工,学生具有学生和企业员工的双重身份,这是区别于传统的校企合作的一个重要的特点。不同学校和企业的现代学徒制人才培养模式一般有两种形式:一种,是学习期间都在企业中进行,学校老师定期下企业授课,平时多在企业指定的导师指导下进行实践;一种,是先在学校集中授课,时间一般为一年,在学校和其他普通学生一样一起上课,在剩下的学年,进企业跟随企业的导师进行实践活动,学校老师定期到企业授课。不论哪种形式,和其他类型的职业院校学生相比,现代学徒制学生实践活动都占学习的大部分时间。现代学徒制在实践中能有效地促进校企的进一步融合,为提高职业院校人才培养质量,培养社会真正需要的人才开辟了新的途径;也促进了学校的教学改革,培养了企业真正需要的人才,特别是为企业解决岗位技术技能人才选、育、用、留问题找到了新出路。这种学习模式,构建了一个更加具有个性化,更加具有开放性的提升平台,使学生在求学期间,真正立足于岗位中成才,为学生个人的发展提供了更大的提升空间和机遇。

四、开发多元教学模式

针对不同生源,进行分班教学、小班化教学、个性化辅导;利用先进的信息技术手段,采用网络学习、线上线下混合式教学方式,帮学生全面建构自主化、开放式的学习体系。

线上线下混合式教学具有学习方式多样化、教学内容通俗化、知识点阐述碎片化、考核方式智能化的特点,十分符合扩招生源结构复杂、无法完全进行校园学习的需求。在信息化时代,课堂不再是学生们获取知识的唯一途径,慕课(MOOC)、"智慧树"等教学资源的利用,推动了学校间课程和师资方面的互通。不仅降低了课程开发成本,减少了人力、财力负担,更使我国绝大多数地区的学生都能够学习。利用先进的互联网手段,可以采取网络学习、线上线下混合式教学方式,全面建构自主化、开放式的学习体系。网络教学资源的使用使得学习无时空限制,学生可重复学习并与授课教师线上互动,处处能学、时时可学。学生工作之余主要以线上形式学习,十分钟左右的在线学习、线上作业和考试等极大解决了扩招学生无法利用大块时间学习的问题;周末返校进行实践教学,加强技术技能训练,真正让学生学到本领,拥有一技之长。

综合以上,高职扩招背景下教学模式的创新,有效解决了社会人员无法长时间在校学习的困难,可以让他们在有限的时间里掌握课程的基本知识、实践技能,为以后的高质量就业做好准备。

第四节 学生管理

在高职院校扩招政策中,退役军人、下岗失业人员和农民工是高职院校生源群体多元化的主要构成部分。这既给高职教育学生综合改革提出新要求,也给其中的"学生管理"工作带来了新的挑战。

学生管理工作对于高等职业教育的人才培养具有十分重要的意义和作用,以辅导员为主的学生管理工作者作为融教育、管理、服务为一体的教育管理者在扩招政策的大环境下也迎来了全新的成长机遇和责任担当。他们需要转变原有的学生管理工作思路,不断创新工作模式和方式方法,从而更好地为人才培养模式多元化改革和"三教"改革服务,促进学生发展。

一、高职扩招学生群体的基本特点

前期调研共收回调研问卷3 955份,涵盖省内高职院校86所。调查结果显示,扩招学生的年龄区间、受教育程度、学习诉求差异较大。

第一,扩招学生年龄跨度较大。以山东传媒职业学院2019级扩招生源为例,学生的年龄区间为24~59岁。

众所周知,人在各个年龄阶段其记忆力,理解能力和其他智力因素都是不一样的。扩招学生中年龄越大,理解能力越强,情绪越平稳,但是因为需要考虑到工作、学习等因素,精力比较有限,因此用于学业的时间也就不足。有些学生学习基础薄弱,学习压力大,缺乏学习动力。

第二,扩招生源主要来自退役军人、下岗失业人员、农民工、中职毕业生、普高毕业生、企事业在职员工、乡村干部(含村两委干部),如图 5-1。

选项	小计	比例
a. 退役军人	26	92.86%
b. 下岗失业人员	22	78.57%
c. 农民工	23	82.14%
d. 高素质农民	19	67.86%
e. 中职毕业生	21	75%
f. 普高毕业生	21	75%
g. 企事业在职员工	19	67.86%
h. 乡村干部(含村两委干部)	4	14.29%
i. 基层农技术人员	3	10.71%
j. 其他人员(请说明)	1	3.57%
本题有效填写人次	28	

图 5-1 扩招生源结构

第三,同班同学受教育程度参差不齐。受教育程度不一样,知识结构和文化基础就不一样。在扩招学生中,受教育程度不同的人数比例如图 5-2。

选项	小计	比例
a. 中职毕业生	1 190	33.32%
b. 普高毕业生	2 247	62.92%
c. 社会生源	134	3.75%
本题有效填写人次	3 571	

图 5-2 扩招生源教育程度

第四,学生学习诉求与目的差异。年纪较轻的同学都想全日制在学校读书,感受一下大学生活,还有少部分同学有升学意向。一些已就业的同学迫切希望能再学习一种技术来提高就业竞争力。学生都希望通过这次入学提升学历层次。

选项	小计	比例
a. 个人兴趣	1 732	48.5%
b. 就业或转岗需要	1 053	29.49%
c. 社会适应需要	1 461	40.91%
d. 为了获得文凭	1 509	42.26%
e. 为了获得职业资格证书(或职业技能等级证书等)	1 101	30.83%
f. 家人、朋友的期望	796	22.29%
g. 单位的期望	333	9.33%
h. 能获得物质上的好处(如不收学费或学费减免,获得一定奖励等)	401	11.23%
i. 其他	947	26.52%
本题有效填写人次	3 571	

图5-3　扩招学生学习诉求和目的

第五,扩招学生多以退役军人、农民工为主,这部分学生大多数都已"成家立业",入学前绝大多数选择脱产学习。

第六,扩招学生中党员身份比例高,以山东传媒职业学院2019年扩招录取512名学生为统计基数,其中,党员210名,预备党员5名,占总人数近42%。

二、高职扩招政策对学生管理工作提出的新要求

(一)思想政治教育内涵建设需要进一步加强

习近平总书记在全国教育大会上指出:"思想政治工作是学校各项工作的生命线"。高校思想政治教育关系到"立德树人"办学宗旨,对于高校培养担当民族复兴大任的时代新人至关重要。当前,思想政治教育"三全育人"综合改革在推进过程中也恰恰强调了思想政治教育工作的全员性、全程化和全方面参与,而在这一过程中,学生管理和服务工作发挥着十分关键的作用。对高职院校而言,实行"百万扩招"以后,农民工、下岗职工、企业在职人员、退役军人均可报考。在这种生源多元化输入之下,高校学生的整体综合素质表

现出良莠不齐的状态,他们的思想政治教育工作也必须跟新时代社会经济高速发展的要求,以职业教育人才培养为基础,并结合学生的自身实际特点,不断拓展自身的内涵。一方面,要进行新时代社会主义建设最新成果的宣传教育,进行党的基本理论、基本路线、基本纲领、基本经验教育,进行党史宣传教育,强化政治引领。另一方面,要搞好社会主义核心价值观宣传教育,培育学生爱国主义情怀、保持民族团结进步、弘扬时代精神。另外,在扩招生思想政治教育工作中要有的放矢,以"大国精神""爱岗敬业""工匠精神"等职业信仰与素养为重要价值导向,引领学生勤学善思、练就扎实职业技术断、追求卓越精神、立足本职工作、勇于奉献、敢于担当。

(二)以学生实际情况分类管理,实现人的全面发展

高职扩招后的生源类型呈现出多元化,应该以"学生为发展中心"成果导向。根据不同的文化基础、技能水平及就业背景等条件,因材施教、个性化地制定学生管理,教育及教学规章制度。对学生管理工作而言,一方面,要帮助扩招生充分适应大学生生活,能够尽快在学校调整适应大学学习节奏;另一方面,学生管理工作者需要了解并体谅扩招学生相对特殊的需求及他们所面临的生活压力、了解他们不同于普通学生的特别之处,如学习目的的差异等。工作中根据这部分人群对人才培养的需求,鼓励支持其学习更多职业技能,参与更多教学实践活动,考取更多的职业技术技能证书,例如"一人一案"帮助学生考取"1+X"证书,挖掘专业兴趣和职业潜能,激发其创业精神、创新能力与实践能力。

(三)培育职业素养,拓宽技术技能人才的可持续发展渠道

国家对职业教育给予了高度重视与大力支持,并通过扩招政策让特定群体有机会提升学历水平、提高职业技能,进而获得更多的就业机会,改善生活状况,提高收入水平。对于整个高速发展的经济社会而言,极大地促进社会对劳动力价值评判的标准,提高了技术技能人才的社会地位,改善了职业教育的社会美誉度。高职院校扩招后的学生管理应更加注重对扩招学生的职业高度自信,使他们充分了解自己人生价值和职业价值,以更大的信心与豪情踏上技能型岗位,力争把自己培养成为可以承担民族复兴大任的时代新人。

（四）就业指导与服务工作需要更具针对性和有效性

在百万扩招的大环境下，面对全新的生源群体学生就业问题也被赋予了全新的含义，学生管理服务工作者应该意识到：一方面，做好这部分人的就业指导工作，有利于缓解社会就业压力；另一方面在学生管理及服务方面，需重点关注高职扩招学生对未踏入社会的普招生的职业人生价值带来的积极影响，引导并帮助其在校期间提前完成职业生涯规划，提高专业对口率、提升高等职业院校初次就业初始薪资水平，从而提升高校整体大学生的就业质量。

三、高职扩招给学生管理工作带来的新挑战

高职扩招政策对高职院校教育教学工作产生了直接影响，但是其背后影响了学生进入高职院校后人才培养工作整个过程，其中也包含了高职院校对学生管理工作。高职院校传统生源主要是高中毕业生和中职毕业生，生源结构较为单一，在很长一段时间内，学生管理工作已经形成了较为统一的格局。而这次扩招对象除了高中及中职毕业生之外，还包括退役军人、下岗失业人员、农民工这些非传统生源。这部分生源文化基础相对薄弱，且差异性大，学情复杂多样。对待此种情况，若套用固有经验、管理模式，容易产生舆情压力，诱发潜在的问题和非必要性矛盾，影响高校整体育人成效。

（一）学生思想状况的多样化为学生管理的思想教育工作带来新挑战

高等职业教育"立德树人"的办学理念，要引导大学生形成正确的世界观、人生观、价值观。对扩招之前的生源群体而言，生源地年龄，阅历、经历等大致相同，在思想方面共性较多——处在对未来、对人生、对社会的探索初期。扩招后新增加生源群体中，有的学生曾经服役或供职于各行各业有工作经历与生活体验，其心智较为成熟，同时呈现出多样性与复杂性。用什么形式，采用什么内容，通过什么途径对其进行思想政治教育，关键在于指导其迅速进行身份转换。

（二）学生心理问题复杂化为学生管理中理健康教育工作带来挑战

高职院校在实行扩招之后，他们的学生群体已经不只是高中或者中职毕业生了，而是表现为不同年龄层，不同知识水平学生并存的局面。他们原有的生活方式、工作模式和交友原则等方面存在差异，这就带来了两类学生主体在世界观、人生观和价值观等不同而表现出来的行为化差异。扩招政策下，许多学生都已结婚生子，或成为家庭的经济主要来源。他们在身份转换

的过程中本身就存在思想斗争。双重身份、双重压力,在生活和学习的"角色扮演"切换中,种种心理问题随之而来。如由于耗费时间、精力而造成学习方面经济来源受影响等问题与矛盾,这些都要求我们必须有的放矢地对他们进行心理健康方面的教育。

(三)学生曾经的社会经历和现实需求对辅导员能力提升带来挑战

在扩招多元化的生源结构背景下,学生管理工作复杂多变,对辅导员队伍的数量和质量提出了新的要求。一般情况下,国家规定辅导员和学生的师生比为1∶200,但当前高职院校中此比例远未达到。高职院校辅导员的数量本来就是异常紧张的,扩大招生更加重了高职院校师资的匮乏。此外,扩大招生后,还要求辅导员要花更多心思与精力去开展面对面谈心、检查宿舍、关注学生成长等深入细致的思想教育活动。这是辅导员难以付出的时间与努力。除此之外,高职院校辅导员年龄一般较小,对社会的了解程度甚至没有扩招学生多,对生活的感悟及对职业的把控能力也不及学生。这种情况下,辅导员如何管理班级,如何树立崇尚学术、敬畏能力的榜样,对于学校,对于辅导员群体都是全新课题。

(四)生源特点的多样化为学生工作成效带来挑战

某种程度上,生源个体特征多样化:生源学业基础、家庭经济情况和社会工作背景的差异显著影响了学生管理工作的效果。扩招之后,高职院校准入门槛较低,生源质量较应届高中毕业生不可避免地出现了下滑,也将造成学生教育和管理工作难度加大,育人成效预期较差的局面。在这些生源当中,有相当一部分学生选择进入高职院校学习是因为过去文凭、技能不足的困扰,只能从事技术含量低的工作,收入水平自然也处于较低水平。而"百万扩招计划"无疑为这部分人群带来人生重要转折机遇,这也恰恰符合国家扩大招生培养更多的高素质和高技能型人才的宗旨。学生管理工作目标也应设定为高技能人才的培育质量不断提高,以适应高速发展的社会人才需求趋势。为此,学生工作者有必要对原先适应高中应届生源学生管理工作的理念、模式及途径进行不断的调整及优化,以促进人才培养标准及社会服务质量的提高。

(五)扩招生源的特殊性,加大了学生资助的工作难度

扩招之后,会有不少家庭因为求学放弃就业、缺乏经济来源等原因造成

短暂经济困难,贫困学生人群将随之扩大,必然也将造成学生管理资助中心的工作量增大。调研数据研究显示,32%的退役军人、78%的下岗失业人员、53%的农民工会存在交学费困难。学生管理部门在国家助学贷款发放、勤工俭学筛选、奖学金评选等工作开展方面,如何较好地实施有针对此类人群的特殊安排或措施以确保其不会因经济困难影响学业甚至退学情况发生等等,同样值得我们深思。

选项	小计	比例
a. 退役军人	9	32.14%
b. 下岗失业人员	22	78.57%
c. 农民工	15	53.57%
d. 高素质农民	6	21.43%
e. 中职毕业生	1	3.57%
f. 普高毕业生	1	3.57%
g. 企事业在职员工	2	7.14%
h. 乡村干部(含村两委干部)	2	7.14%
i. 基层农技术人员	2	7.14%
本题有效填写人次	28	

图 5-4 扩招生源存在学费缴纳困难情况

总之,高职扩招之后,生源群体数量、生源质量、生源自身特点呈现多样化的发展趋势,学生管理工作人员需迎难而上,这得对"百万扩招"培养人才起到辅助作用。

四、扩招政策为高职学生管理工作开辟新路径

扩招政策是职业教育发展的必要结果、必经阶段。各高职院校应积极响应国家号召,结合本校实际情况,学习更新职业教育发展新思想、新理念,探索推进人才培养新模式,持续推进教育教学改革,以新生源群体学习和生活的实际需要为导向,以促进人才培养为宗旨,在工作中不断探索新路径,解决学生学习中存在的问题,增强学生学习效果。

(一)立德树人,做好扩招学生职业导师

1. 高校应统一思想认识,顶层设计,协同育人方案。针对扩招后,大学生

的思想政治教育复杂性及个性化,校内各个部门需进一步统一认识,促进"大思政"模式的确立。一,是高校学生管理工作分管领导层面应清醒地认识到扩招后大学生思想政治工作面临的困难与焦点,做好"一把手"工程。二,是全校"一盘棋"整体推动思政教育工作改革,发挥思政课主渠道功能,将"大国精神""工匠精神""企业文化""职业道德"等职业素养内容融入日常课堂教学,使扩招大学生明白新时代对大学生思想政治工作提出了更高要求,懂得为人处世,做事有担当。对工匠精神有谨记,细致执着、勇于创新,对学问有不懈追求,勤于钻研。三,是校内其他院系应协同社会实践与第二课堂育人,共同打造全校思政课教学新模式。

2. 精准帮扶,制定"一人一案"协助学生管理工作者开展学生管理工作。班级辅导员在学生管理工作中处于主体地位,班主任是学生学习和未来职业生涯的导师,二者是学校学生管理措施的具体实施者。二者担负着部分思政与通识课程(如思想政治、就业指导与心理健康教育等)教学任务。辅导员可通过与教学目标相对照,充分发挥教书育人的功能,以搞好思想政治教育,促进学生思想政治素质的提升。扩招后的学生群体可能有一些人心理不平衡或由于自身赶不上社会经济发展急需重返校园继续学习,但又倍感压力。所以,与传统生源相比较,扩招后的学生在思想上更显得错综复杂。一,高职院校思想政治工作者可采取问卷调研与座谈相结合的方式对扩招学生思想动态进行摸底调查,并结合自己大学生生活经历、本学科专业的未来发展趋势为其制定出个性化的学习方案;二,积极参加各级各类学生管理能力提升培训,学习借鉴、研讨总结各高校在此项工作中的典型做法和工作思路;三,辅导员应全程介入思政工作当中,应进入扩招大学生群体当中,坚持少而精的组织方式,实现服务"人心",树立"亲民"形象,使大学生乐于与教育者拉近距离,这样才能保证大学生思想政治特征能够得到充分把握。

(二)管理育人:做好扩招学生的引路人

扩招政策会促进全国高职院校学生管理工作整体水平的提升,要求高职院校学生管理工作要更新管理理念、服务模式。

1. 整合高校优势资源加强学生管理团队建设。学生管理工作者应牢固确立"以生为本"的思想,把学生发展作为工作的出发点。一,配备有过军旅生涯高校教师为辅导员。如给他们配备年龄稍大,经验丰富,已结婚生子的辅导员等。辅导员与其扩招生年龄相差不大,生活阅历相近,便于同学生进行交流和沟通,能增强工作效率,帮助学生处理好学习和家庭、工作关系,解决目前学生在学习和生活中存在的某些难题。二,建立职业导师制度。请专业老师带着职业经验参与到学生管理工作中来,引导学生职业导向型学习,可以有效解决学生管理队伍人员不足的难题。三,加强对学生管理工作者的培训与培养,在培训培养中要使辅导员、班主任认识扩招的大政方针,勇于面对挑战,敢于拓展工作思路,进而有效服务学生,引导其职业倾向性发展方向;四,储备一支政治素质过硬、育人水平过硬、业务能力过硬的高职院校扩招人才。

2. 改变学生管理者的工作方式,以调动扩招学生的学习动力为管理工作切入点。学生入读高职院校的首要目标就是通过知识的学习与职业技能的提升来更好地实现人生价值。因此,在管理工作中提高学生对于当前学习的目的与未来职业发展相结合是非常重要的。一,使学生建立正确的学习观。扩招政策要求他们对学校有一个再认识、再融入校园生活、再熟悉校规校纪的过程,既要让他们享有权利,又要让他们对自己负责。学生管理工作者应不断地引导,增强学生尤其扩招生思维观念,使其认识到扩招政策仅仅是给了一个学习的平台而已,想要学习知识与技术就必须刻苦学习,唯有刻苦学习才能够在就业市场与实践中具有竞争力。二,完善学业管理和多元补习教育制度。高职扩大招生进入高校的学生在某种程度上难以兼顾工作、生活和学业。学生管理者在此背景下要积极了解形势并与其交流学业难题。尽管国家要求各高校积极探索灵活多样的学习形式(如学分制、线上教学等),但扩招生文化程度不一样,学习能力有很大差别。因此学校及学生管理工作者应以尊重学生各方面差异为前提来开展教育教学及学生管理。就当前高职招生考试机制设计来看,针对一些通过免文化素质考试、技能面试等形式进入高职院校的学生人群设置补习性、选修型课程可鼓励其参加基础知识学习的公选课和社团课,帮助其针对性补习基本知识,助力其尽快步入正常学习阶段。建立学习型学生自律组织,为学生提供学业建议及、职业生涯规划服务。

3. 完善扩招学生的事务管理战略。高职院校扩大招生之后,生源增加。由于扩大招生,生源变得复杂,从年龄结构到心理结构再到认知结构很多方面都与传统生源有着很大的不同。于是过去高职院校的管理服务体系也有待修正和提高。扩招后的学生群体千差万别,他们的个性更多元化,管理方式要发生相应的变化。例如:有些已经参加工作的扩招生具有些许不良习惯,从遵守学生管理纪律方面看,这部分学生自觉性会稍差些,经不起严格管理,所以学生管理工作者需根据学情特点,结合实际情况采取灵活多样的管理方法。此时,强硬的管理制度和辅导员说服教育相互结合的学生管理模式是很好的选择。扩招之后刚性管理还需进一步强化,这是因为扩招之后学生人数增加了,没有严格管理标准就不可能开展学生管理工作。刚性管理对大部分学生实行统一、集中管理效果很好;而柔性管理则是通过对不同学生群体心理需求、行为规律等方面的研究之后,通过一些适度的手段来感化、劝说学生,使其心中对管理产生自发的认同,进而对管理产生顺从心理,并最终实现管理效率的提升。采用刚性与柔性管理相结合的办法对扩招后的学生进行管理可以两全其美。一方面,使学生对学校各项规章制度有所了解和认同,另一方面,又能使学生体会到学校对学生的关心。探讨学生管理工作中如何更好地将两者结合起来,探索一种符合扩招生行为的组织管理的模式,从而确保高校学生管理效益的提高。

(三)服务育人:辅导员应做好扩招学生人生导师

2019年全国高职院校扩招政策落地,构建适应新时代发展规律高质量办学成为主流,高质量发展突出高职院校整体性、全面性发展与人才培育高质量发展相统一,落实到学生管理工作层面,切实增强学生管理的有效性与服务工作针对性势在必行。

1. 认清形势,强化扩招生的心理建设。扩招生在学业上,生活上和就业上都面临着比应届学生更多的不确定性,而这些不确定性很可能会引发一系列心理问题。学生管理工作者应精准把握扩招生的真实诉求点,有的放矢,有针对性开展预防性工作,及时适度地开展干预、疏导工作,切实解决学生心理问题。为此,高校应明确扩招生学生心理健康状况,做一些准备工作:一,对扩招生学生思想状况,个性特点以及心理健康情况进行调查建档,有的放矢地进行追踪,指导,交谈等活动;二,进一步强化扩招群体的人际交往教育,注重对学生情商的培养,帮助他们适应校园生活;三,科学设置心理健康教育课程,构建课上课下、线上线下、课上线下互通的心理健康教育系统,使他们能够选择性地获得心理健康知识辅导。

2. 转变职业生涯规划方式,进行未来就业指导。扩招,尤其是脱产上学,虽然灵活了学习方式，扩大了学习效果，但身份由"职业人"向"学生"逆向转变，心理压力巨大。2019年全国高职招生规模为368.9万人，到2022年高职毕业生规模有望突破450万人，就业压力显著增加，就业形势愈加严峻。一，需要指导扩招生工作的职业生涯规划。多数扩招学生具有从业经历并对专业及岗位有所认识和理解，其进修旨在提升个人职业技能并谋求职业生涯发展新契机，所以就业指导教师应针对此类学生开展特色化的职业生涯规划课程，以帮助学生深刻理解职业与学业、职业人与学生、人职匹配等观念，依托自身优劣势并明确职业目标及学习目标。二，需要进行个性化就业指导。应调整原先就业指导方案与制度，招生就业部门与专兼职辅导员应根据就业形势与就业状况以及不同生源背景进行有针对性的与个性化的就业创业指导。如：农民工生源就业指导注重"扶智"改造；"退役军人"双创教育，鼓励自主择业；"下岗职工""失业人员"，可进行双选会应聘指导及就业推荐。

3. 落实国家扩招利好政策，做好扩招生奖勤助贷帮扶工作。许多扩招学生一方面要养家糊口，另一方面还要交学费。她们回到学校首先遇到的问题是：是谁给他们生活费？养家糊口的是谁？"不使一名学生因穷失学"，这是高职院校出资的一个重要宗旨。政府出台扩招政策就是想给更多的社会人员以提升职业技能的空间，学生管理和服务部门应做好奖助贷，不使一名扩招生因穷弃学。首先，实行国家的生活保障制度。2019年《政府工作报告》中提出了"扩大高职院校奖助学金覆盖面，提高补助标准"的要求。退役军人等生源在高职院校学习时，可以从中央专项经费，地方政府财政补助及对口管理部门的专项资助金中得到各种补贴与奖励。比如：退役军人可以申请学费补偿、退役军人奖助学金等，农民工也能从社会保障部门领取助学金等。学校资助管理部门应在非传统生源大学生入学前或入学后对其进行政策宣传与引导，帮助其申请相关学费、生活费补助及各级各类奖助学金。二，学生管理部门应全面做好贫困生排查，并结合扩招生家庭状况制定相应级别，对扩招后贫困生给予适当生活资助。农民工和下岗人员进学校读书无疑意味着放弃工作挣钱的机会。假如相关部门没有生活补贴的话，他又会有"不上校门就外出工作"的想法。三，拓宽产教融合、协同育人力度，根据学科专业特色和区域产业经济发展需求，组建企业现代学徒制订单班。利用企业资源，通过引企入校共建生产性实训基地资助学生在校期间项目化，完成企业工作和课程实训实践。四,合理设立定向性奖学金。设立由企业或者个人命名的扩招专项奖学金、助学金等。五,深度挖掘校内勤工助学岗位。图书馆、创业园区、实训中心、教师工作室、生产性基地等公共场所尽量为扩招学生提供充足的助学岗,资助部门也可建立校外兼职平台,定期发布兼职工作岗位信息。

综上所述,高职百万扩招对高职院校学生管理工作提出了挑战,同时也提供了新机遇。当前高职院校扩大招生 100 万人,学生管理服务工作应主动配合学校教育教学与行政管理及其他各项活动,对学生进行教育,管理与服务,使高职办学质量提升又能获得良好的社会声誉。

第六章 "质量型"高职扩招就业策略

高职"百万扩招"政策意图明确,以稳定和扩大就业为导向,以有效解决结构性失业等就业难题为目标,通过充分激活职业教育活力,为国家和社会的发展提供有力人才和技能支撑。伴随着政策落地,职业教育迎来了飞速发展阶段,职业教育前途广阔、大有可为。同时,面临高职教育生源多样化、生源基础差距大、稳就业政策落实难、高职院校待就业人数多等一系列问题。如何确保高职"质量型"扩招?只有"进口好、教得好、出口好",在传授专业技能的同时,助力提升就业核心竞争力,才能完成高职教育使命。

第一节 完善就业制度

百万扩招机遇与挑战并存,高职院校应不断健全和完善就业指导工作体系,创新实践工作体系,强化就业保障工作体系,以服务学生发展为宗旨,以提升学生就业核心竞争力为导向,围绕"质量就业"为最终目标,努力实现"招生就业两旺"的发展局面。

一、构建权责清晰的就业管理体制

构建完善的就业指导工作体系是一项系统性工程,需要教学系部、招生、就业、学生管理、群团组织等多个部门共同完成,需要学校根据发展需要进行整体的规划和布局,从宏观的角度构建就业指导体系,将就业指导工作贯穿人才培养全过程,形成学校主导、各院(系)协作、内外联动、全员参与、保障有力的"大就业"工作格局。高职院校为充分发挥职能机构的主阵营作用,可以成立专门的就业指导机构,对全校的就业工作战略规划进行顶层设计,将质量考核、招生计划、专业设置、经费预算等指标分配与就业工作成效挂钩,细化就业评价机制,充分调动就业工作的积极性。通过目标性、过程性、终结性等环节的有效监督,完善就业工作压力传导机制,提升就业指导工作质量。

二、强化就业指导师资队伍建设

要将就业指导工作贯穿于教育、培养、服务学生的全过程,实现全员参与,必须要有一支勇担就业指导一线工作重任的就业指导师资队伍。学院及二级学院(系),要发挥辅导员、专业带头人的中坚力量,做好毕业生思想教育工作。专任教师要提升课堂教学质量,提高学生专业水平。企业兼职教师要发挥企业优势,调配资源,共同致力于营造良好的就业工作局面。

三、搭建健全完善的、全方位的学生就业服务体系

围绕"服务好才就业好"的工作理念,通过优化就业指导服务内容,不断完善的就业指导服务工作体系。高职院校通过将专业教师、就业指导教师、企业骨干共同组建起就业指导委员会,实现第一课堂与第二课堂有效融合,对学生进行全面系统的职业生涯规划,引导其成长成才,培育职业理想。根据不同生源类型,满足不同学生需求,提供多元化的、差异化的个性就业指导服务。

四、健全贫困学生就业帮扶长效机制

将服务贫困生就业作为工作重点,建立"扶志＋送岗＋保障"的措工作机制。实施"一对一"就业帮扶,校领导联系学院(系)、院(系)领导联系专业、专任教师联系学生、就业指导人员全程参与,落实"每位贫困生有专人对接"的工作机制。争取地方政府为贫困生发放求职补贴,加大典型引路、路径引入,促进贫困生愿就业、能就业。

第二节　深化产教融合

扩招生源多数来自一线产业,是学校与企业沟通的天然桥梁,更适合于产教融合培养模式。产教融合是产业与教育的深度合作,把产业与教学紧密结合,相互支持、相互促进,产教融合能够切实提高人才对于社会行业发展的

整体认知,使其更好地服务于区域产业。国家相关教育部门近年来明确提出,职业院校必须深入开展校企合作,对产教融合相关制度策略贯彻落实,培养高素质技能型人才。从本质上来讲,高职院校本身应立足于地方产业,只有加强与当地优秀企业的合作交流,从真正意义上实现产教融合,才能培养出地区经济产业发展所需的技能型人才,从而实现教育与产业的同步协调发展。

一、创新协同育人的校企合作机制

不断拓宽校企合作模式,突破"结合"难点,校企双方应围绕"双赢"原则,正视双方的诉求,不断优化合作方案,构建科学合理的模块化课程体系,形成以学校为主导的多层次校企合作平台。将企业管理制度逐步迁移到实习实训的管理过程中来,推进企业文化与校园文化的有机结合。将职业规范渗透到教学和管理之中,培养学生职业道德素质和团队协作精神,促进其职业行为习惯的形成。

二、开创校企合作全过程育人模式

进一步完善高职院校与行业企业联合办学模式,让企业参与招生章程制作和招生宣传等前期准备工作,参与人才培养方案的设计、课程资源的建设、教材的研发等教学管理全过程。校企双方不断增强人才培养契合度,重点集中在就业问题上,学校根据行业企业提出的岗位培养目标,设置培训项目,搞好课程开发,按照行业企业的要求组织教学活动,努力增加学生的实践机会和就业机会,帮助学生实现就业上的"无衔接校企联合"。遵循"产教结合、产教并举"的思路,紧跟行业发展步伐,满足区域经济发展需求,及时调整专业结构,打造技术技能人才培养培训基地,有效拓展毕业生的就业空间。

三、巧借产教融合的优势,提升师资队伍建设水平

产教融合作为职业教育工作的一种趋势,在工作实践中具有较为明显的工作优势。职业教育工作人员不仅可以借助产教融合工作引入多种不同的教学资源,还能借助这种方式实现师资队伍建设水平的提升。为了完善现代高职就业指导服务体系构建,高职院校工作人员应当加强对产教融合工作的研究,明确产教融合工作的优势,全面提升高职院校教师队伍的建设水平。如高职院校可以考虑借助产教融合的工作模式,让企业为教师提供实践平台,帮助高职院校就业指导教师实现工作经验的积累。这样高职院校就业指

导教师不仅可以更为有效地进行就业知识的讲授，还能用自身的工作经验对学生进行引导，帮助学生实现就业知识与能力的同步发展。

第三节　分类就业指导

高职"质量型"扩招的生源主要来自中职（含中专、技校、职业高中）毕业生、退役军人、下岗失业人员、农民工等群体（以下简称"四类生"）。"四类生"的生源多样化，在年龄、学习基础和学习能力等方面与在校学生有着明显差异，因此在"四类生"的就业指导必须根据学生的认知特点和就业方向，结合三教改革进行"分类指导"服务——开发面向岗位的课程包，改革课堂教学模式和方法，建立标准化考核制度。精准服务必须重构就业服务体系，搭建信息化服务平台，着力解决就业指导师资不足、指导不及时、就业信息不全面等难题。

一、精准就业指导的实施路径

"四类生"的基本特征在于文化层次差异大、专业基础能力差、年龄层次多，但求学目的明确，求知欲强，加上入学前的精准引导，"四类生"将具备很强的职业目标性。基于以上分析，"四类生"的技能培养必须在教师团队、课程体系及内容、课程实施等进行改革创新。目前国家四部委印发了《关于在院校实施"学历证书＋若干职业技能等级证书"制度试点方案》的通知，"1＋X"证书制度的推行能够最大限度地调解学校培养标准和企业用人标准之间的矛盾，为精准就业指导提供了可行性标准。

二、分类指导就业服务体系建设

就业指导服务必须以就业政策法规为指导，形成以党政领导、专业牵头、部门响应、系部配合、全员参与的分类就业服务体系，以深化产教融合、校企合作为抓手，以分类就业指导为导向，以优质服务为宗旨，以"创客空间""职通未来"等学生社团为载体，建立自上而下的分类指导管理制度，细化职责分工，完善就业指导评价机制，探索"四类生"分类指导就业奖励实施办法，将就业质量并纳入员工绩效考核，从客观影响因素角度促进学生精准就业。做到对"四类生"就业工作的全方位关注、多层次共管，实现就业指导工作的制度化、规范化、科学化。

三、信息化就业指导平台设计

就业指导是实现精准就业前的重要环节,实现人职匹配必须克服目前存在的诸多问题。例如,学校范围内提供的宣讲会、招聘会、讲座等传统就业指导方式已经无法满足扩招后的高职就业生需求。就业指导老师的数量、结构和指导时效在扩招后更是不足。信息化大数据和智能 App 的出现,为就业指导和人职匹配提供了新的路径,为实现精准识别定位、精准沟通反馈,达到利用有限的服务资源进行最大化的精准匹配和服务提供了可能性,高职院校可通过信息化投入来提升智慧就业能力,实现高质量就业。

第七章 "质量型"高职扩招研究调研报告

一、调研目的、时间、对象

二、调研背景与意义

三、调研进度

四、调研方式

五、调研内容、数据与分析

六、调研结论与对策建议

七、附件：调查问卷

部省共建国家职业教育创新发展高地
理论实践研究课题

"质量型"高职扩招研究调研报告

一、调研目的、时间、对象

（一）调研目的

2019年国务院《政府工作报告》提出高职大规模扩招100万人的目标和任务。2019年，高职实现扩招116万人，2020年再次落实百万扩招计划，实现扩招157万人，均超计划完成目标。扩招的生源主要是退役军人、在岗职工、农民、农民工和待岗职工等。与普通高中及中等职业教育应届毕业生不同，这些人员的年龄结构、社会阅历、文化基础各不相同，甚至有的考生是在岗职工，存在工学矛盾。面对复杂的生源结构，如何在新的经济社会发展形势下做到"标准不降，质量不减"。在高职扩招中结合个人特点和专业特色因材施教，把好质量关，实现高质量高职扩招，提升职业教育人才培养水平，为社会主义建设培养合格的高素质技能人才。针对以上问题，特开展此次调研。

本次调研主要面向山东省内实现扩招的各高职院校教务处、招生就业相关部门及广大师生，目的是全面客观地了解各职业院校的高职扩招学生招生和教育教学管理情况。主要对包括扩招的生源结构、招生规模、招生考试及录取、学生培养、教育教学管理、创业就业等多方面进行调研，并向各高职院校征集好的经验和案例，总结当前扩招工作所面临的问题，为全面提升扩招人才培养质量，提升扩招生源的文化素养和技能水平，实现从高质量培养到高质量就业，并服务于经济社会发展。

（二）调研时间

2021年11月—2022年2月，课题组启动职教高地课题"质量型扩招研究"调研，并在研读国家相关文献的基础上，确定了调研具体内容；3月，根据调研内容编制完成调研问卷；4月面向山东省内高职院校发放问卷，并随后展开数据统计、数据分析和报告编制工作。

(三) 调研对象

本次共收回调研问卷 3 955 份,其中关于招生就业的调研,收回有效问卷 28 份;关于人才培养调研,收回有效问卷 28 份;关于教师方面的调研,收回有效问卷 303 份;关于学生方面的调研,收回有效问卷 3 571 份。

二、调研背景与意义

2019 年 1 月,国务院印发《国家职业教育改革实施方案》,推动新时代职业教育进一步发展。《方案》指出,职业教育为我国经济社会发展提供了有力的人才和智力支撑,现代职业教育体系框架全面建成,服务经济社会发展能力和社会吸引力不断增强;当前,产业升级和经济结构调整不断加快,各行各业对技术技能人才的需求越来越紧迫,职业教育重要地位和作用越来越凸显。

为贯彻落实 2019 年国务院《政府工作报告》关于高职大规模扩招 100 万人的有关要求,教育部职业教育与成人教育司组织制定《高职扩招专项工作实施方案》,落实高职每年扩招 100 万政策,全面深化职业教育改革。2019 年,高职院校实现扩招 116 万人,2020 年再次落实"百万扩招"计划,实现扩招 157 万人,均超计划完成目标。扩招生源与普通高中及中等职业教育应届毕业生在年龄结构、社会阅历、文化基础等各不相同,如何做到"标准不降,质量不减",因材施教,实现高质量高职扩招,提升职业教育人才培养水平,是本次调研的总体意义所在。基于以上分析,开展调查研究至少有以下三个层面的意义:

开展调查研究为全面提升扩招人才培养质量,提供数据支撑;为高职院校面向高职扩招学生开展高质量教学和提升人才培养质量工作提供理论依据;为主管部门提供决策参考依据。

三、调研进度

由于职业院校性质不同、扩招层次不同、保障制度不同,以及院校服务区域经济领域不同,开设专业不同,招生的生源和数量存在差异,因此,各院校所凸显的扩招问题也有所差别。为了更客观、准确地掌握各职业院校的扩招情况,本次调研选取了省内各地市的职业院校,主要面向学校的招生就业和教务部门,有针对性地对招生就业和教育教学管理常见的问题和基础数据进行调研收集,并运用科学的数据处理方法对数据进行分析。调研进度如表 7-1 所示。

表 7-1　职教高地课题"质量型扩招研究"调研进度表

实施步骤	实施时间	具体内容	参与对象
确定调研方式	2月	确定调研目的、调研方式	课题组成员
设计、论证调查问卷	3月—4月	设计调查问卷的问题,论证其有效性	课题组成员
发放调查问卷	4月中下旬	面向全省高职院校发放问卷,调查扩招招生就业情况	学院各系、课题组成员、省内高职院校
数据汇总	4月下旬	整理回收的问卷,汇总数据	课题组成员
数据分析	5月上旬	处理回收问卷的数据和数据平台数据,并进行数据分析	课题组成员
撰写调研报告	5月中旬	根据回收问卷的数据分析撰写调研报告	课题组成员
修订调研报告	5月下旬	收集修改意见,修订调研报告	课题组成员

四、调研方式

本次调研采用了问卷调查、文献调查、会议座谈、电话调查等多种方式进行,并查询了相关数据平台和国家相关文件,充分利用"问卷星"开展网上调研,将获得的调研数据进行统计分析,得出结论。具体如下:

1. 问卷调研。课题组面向招生就业、人才培养/教育教学、学生管理等多方面内容,编制了4份调查问卷,进行了广泛而深入的调研,并在此基础上完成了数据分析,撰写了调研报告。

2. 文献调研。课题组查阅面向全国,查阅了高职扩招以来的国家、省级高职扩招相关政策文件,厘清了高职扩招的背景及意义,明确了研究目标及研究思路。

3. 会议座谈。组织了课题组充分利用各种交流机会,组织的不同规模的用人单位、学生、学校间的座谈会,广泛深入了解扩招学生的学习需求、各院校的面向扩招生源的教学实施情况,以及用人单位对高职扩招教育教学实施的反馈。

4. 电话调研。课题组通过对山东电子职业技术学院、淄博职业学院等高职扩招工作相关人员进行了电话调研。通过电话调研对高职扩招专业选取、招生情况、教学组织形式、学生管理等情况进行了沟通和交流。

5. 网络调研。课题组自2019年起,通过网络查找了各省关于高职扩招的政策,省内外各高职院校扩招工作的教育教学情况。

五、调研内容、数据与分析

(一)扩招学生招生就业情况调研数据分析及结论

1. 扩招学生招生就业调研数据分析

(1) 参与调研的院校

本次共调研 28 所院校,参与调研的院校大多数来自山东省内高职院校,调研数据分析主要来自以下 28 所院校,如表 7-2。

表 7-2 参与调研的院校

山东传媒职业学院	威海海洋职业学院	淄博职业学院	山东艺术设计职业学院
山东城市建设职业学院	青岛港湾职业技术学院	曲阜远东职业技术学院	日照航海工程职业学院
山东工程职业技术大学	山东药品食品职业学院	山东劳动职业技术学院	烟台南山职业学院
德州职业技术学院	山东旅游职业学院	济南工程职业技术学院	山东商业职业技术学院
济宁职业技术学院	泰山职业技术学院	山东电子职业技术学院	山东经贸职业学院
山东业铝职业学院	山东海事职业学院	山东水利职业学院	烟台职业学院
山东轻工职业学院	莱芜职业技术学院	山东司法警官职业学院	日照职业技术学院

(2) 学校办学性质

参与调研的 28 所职业院校中,公办院校 21 所,民办院校 7 所,学校性质比例分布如表 7-3 所示。

表 7-3 学校办学性质情况

选项	小计	比例
a. 公办	21	75%
b. 民办	7	25%
c. 其他	0	0%
本题有效填写人次	28	

(3) 高职院校制定招生计划的依据

调研数据显示,选择依据区域经济急需,基本办学条件,国家政策要求,社会民生领域紧缺,择就业率高、前景好占比依次是 85.71%,82.14%,78.57%,75%,60.71%,制定招生计划依据占比情况如图 7-1 所示。可见绝大部分学校在制定招生计划时着重考虑了区域经济建设人才需求、学生就业前景以及学校的基本办学条件等要素。

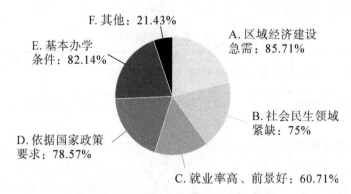

图 7-1 制定招生计划依据情况

(4) 扩招生源学费收取情况

通过调研发现,17 所学校在入学时按规定收取学费,占比 60.71%;6 所学校在入学后一定期限内按规定收取学费,占比 21.43%;1 所学校未收取学费,占比 3.57%;4 所学校选择其他方式,占比 14.29%,扩招生源收费情况如图 7-2 所示。大部分学校都是按规定收取学费,也有学校未收取学费。

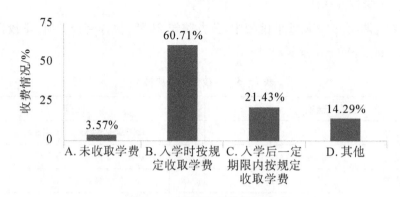

图 7-2 扩招生源收费情况

(5) 学校扩招保障经费来源

调研数据显示,选择国家财政性教育经费投入,地方财政性教育经费投入,(合作)企业经费投入,学校经营收入,社会捐赠经费的学校分别为 17 所、14 所、10 所、9 所、2 所。学校扩招经费主要来源情况如图 7-3 所示。因此主要的经费来源还是来自国家财政性教育经费投入和学费收入。

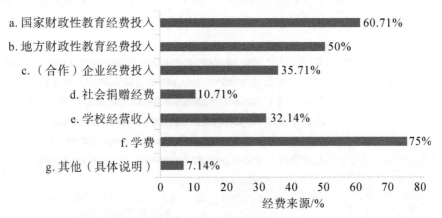

图 7-3 扩招经费来源情况

(6) 扩招学员缴纳学费情况

通过调研发现,对于缴纳学费困难学员类型,选择下岗失业人员的有 22 所,农民工有 21 所,退役军人有 9 所。扩招学员交费困难情况如表 7-4 所示。可见有部分学员家庭经济较困难,下岗失业人员和农民工相对占比较大。

表 7-4 扩招学员交费困难情况

选项	小计	比例
a. 退役军人	9	32.14%
b. 下岗失业人员	37	78.57%
c. 农民工	21	75%
d. 中职毕业生	1	3.57%
e. 普高毕业生	1	3.57%
f. 企事业在职员工	2	7.14%
g. 乡村干部(含村两委干部)	2	7.14%
h. 基层农技人员	2	7.14%
本题有效填写人次	28	

(7) 学校对扩招学员的资助情况

通过调研发现,24 所学校采用国家助学金、省级助学金和专项资助(如退役士兵教育资助)进行资助;23 所学校采用国家奖学金、省级奖学金进行资助;21 所学校采用助学贷款进行资助;19 所学校采用学杂费减免、勤工俭学的方法进行资助。学校对扩招学院的资助情况如图 7-4 所示。因此主要的资助还是来自国家助(奖)学金、省级助(奖)学金,和专项资助(如退役士兵教育资助)。

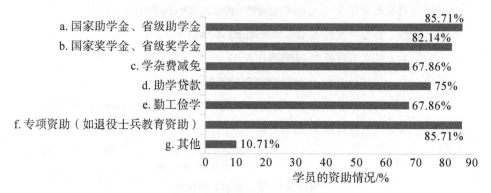

图 7-4 扩招学员的资助情况

(8) 近 3 年扩招生源类型

对各职业院校近 3 年扩招生源进行统计,占比较高的前五位分别为:退役军人占 92.86%,农民工占 82.14%,下岗失业人员占 78.57%,中职毕业生和普高毕业生占 75%,企事业在职职工占 67.86%。近三年扩招生源类型统计如表 7-5 所示。

表 7-5 扩招生源收费情况

选项	小计	比例
a. 退役军人	26	92.86%
b. 下岗失业人员	22	78.57%
c. 农民工	23	82.14%
d. 中职毕业生	21	75%
e. 普高毕业生	21	75%
f. 企事业在职员工	19	67.86%
g. 乡村干部(含村两委干部)	4	14.29%

续表

选项	小计	比例
h. 基层农技术人员	3	10.71%
i. 其他人员（请说明）	1	3.57%
本题有效填写人次	28	

（9）学校扩招生源是否充足

调研数据显示，生源一直充足的有7所，占比25%；部分年度充足的17所，占比60.71%；一直不足的2所，占比7.14%；不好判断的2所，占比7.14%。学校扩招生源是否充足情况如图7-5所示。总体来看，扩招生源还是充足的。

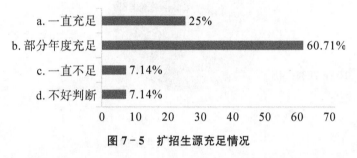

图7-5　扩招生源充足情况

（10）生源类型——高中阶段毕业生占比

高中阶段学校包含普通高中、职业高中、职业中专、普通中专、成人中专、技工学校。生源类型是高中阶段应届毕业生占比90%以上的有8所，80%～90%的有4所。毕业生生源情况如图7-6所示。可见大部分院校的生源类型是高中阶段毕业生。

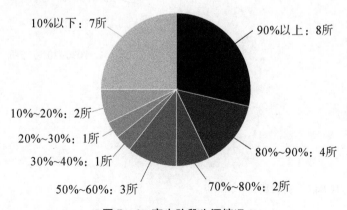

图7-6　高中阶段生源情况

(11) 生源类型——退役军人占比

调研数据显示,退役军人占比 10% 以下的有 8 所,占比 10%～20% 的有 4 所,占比 40%～50% 的有 4 所,占比 70%～80% 的有 4 所。退役军人生源占比如图 7-7 所示。在各调研院校中,退役军人在调研院校中的分布相对均匀。

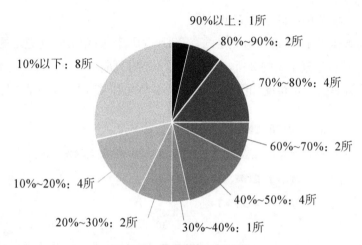

图 7-7 退役军人生源情况

(12) 生源类型——下岗失业人员占比

下岗失业人员占比 10% 以下的有 22 所,20%～30% 的有 3 所,10%～20% 的有 2 所。下岗失业人员生源占比如图 7-8 所示。各调研院校中,下岗失业人员生源普遍较少。

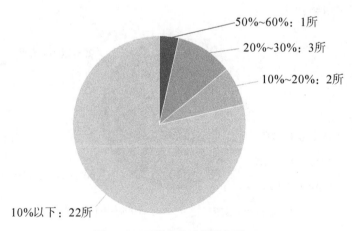

图 7-8 下岗失业人员生源情况

(13)生源类型——农民工占比

调研数据显示,农民工占比 10% 以下的有 20 所,10%～20% 的有 4 所,20%～30% 的有 2 所。农民工生源占比如图 7-9 所示。各调研院校中,农民工生源普遍较少。

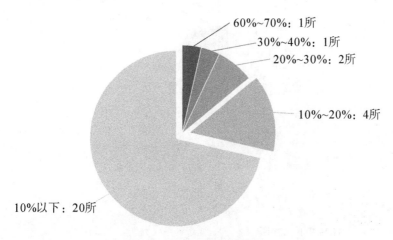

图 7-9　农民工生源情况

(14)生源类型——在岗职工占比

调研数据显示,在岗职工占比 10% 以下的有 16 所,10%～20% 的有 7 所,70%～80% 的有 2 所。在岗职工生源占比如图 7-10 所示。可见在岗职工生源数量少。

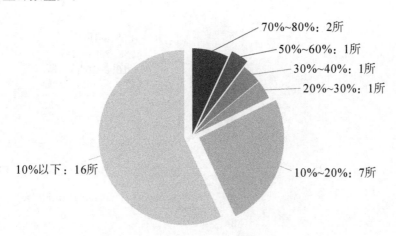

图 7-10　在岗职工生源情况

(15) 生源类型——乡村干部占比

乡村干部占比 10% 以下的有 26 所。乡村干部生源占比如图 7-11 所示。可见各调研院校中,除个别院校外,乡村干部生源普遍较少。

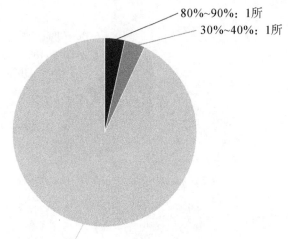

图 7-11　乡村干部生源情况

(16) 生源类型——基层农技术人员占比

基层农技术人员占比 10% 以下的有 25 所。基层农技术人员生源占比如图 7-12 所示。各调研院校中,除个别院校外,基层农技术人员生源普遍较少。

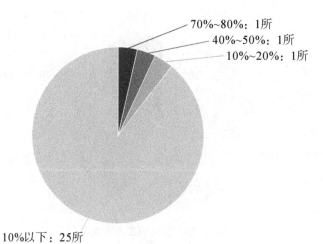

图 7-12　基层农技术人员生源情况

(17) 残疾学生生源占比

调研数据显示,在扩招的学生中,有 16 所学校招收残疾学生,占比 10%以下;其余 12 所学校无残疾学生。残疾学生生源占比如图 7-13 所示。可见残疾学生生源很少。

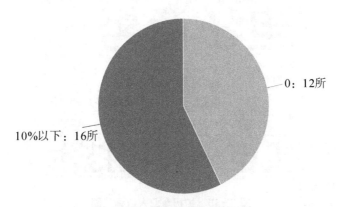

图 7-13 残疾学生生源情况

(18) 开设专业数量情况

向各职业院校调研,开设了 0~9 个专业的学校有 12 所,占比 43%,开设 10~19 个专业的院校有 6 所,占比 22%,开设 20~29 个专业的有 4 所,占比 14%,开设 30 个及以上专业的有 6 所,占比 21%。学校面向扩招学院开设专业数量情况如图 7-14 所示。可见 65%的各职业院校招生专业在 20 个以内。

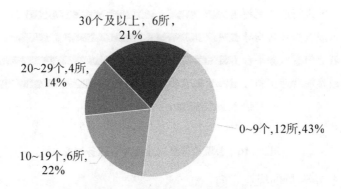

图 7-14 扩招开设专业数量情况

(19) 招生人数较多的扩招专业

调研数据显示,扩招招生人数最多的排名前五的专业依次为:建筑工程技术、电子商务、机电一体化、工商企业管理、计算机技术。招生人数较多的扩招专业如图7-15词云图。可见各职业院校招生专业是区域经济建设急需、社会民生领域紧缺和就业率高的专业。

图 7-15　扩招专业人数词云图

（20）就业指导与服务

向各高职院校调研,学校为扩招学员提供了哪些就业指导与服务。开展就业指导与服务如图7-16所示。绝大部分院校均采用了职业生涯指导课或讲座、进行职业测评、求职方法技巧指导、就业信息服务平台、组织召开或参加就业招聘会等方法。

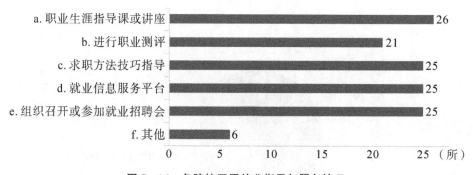

图 7-16　各院校开展就业指导与服务情况

（21）扩招学员的毕业意向

向各高职院校调研,各院校扩招学员的毕业意向情况,89.29%的普高毕业生和中职毕业生毕业后的升学意向较高。扩招学员的毕业意向如图7-17所示。可见各类扩招生源中,普高毕业生和中职毕业生毕业后的升学意向较高,其他生源的就业意向普遍较高。

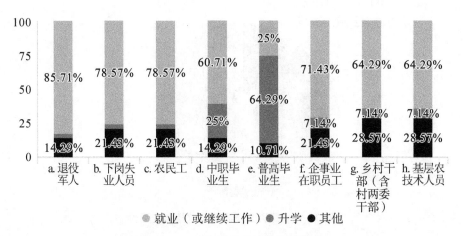

图 7-17 扩招学员的毕业意向情况

(22) 扩招对当地发展影响

通过调研发现,扩招对当地发展影响,首先是提升了劳动者素质,其次是减缓了就业压力,拓宽了就学成才渠道,开发了劳动力资源。扩招对当地发展影响如图 7-18 所示。

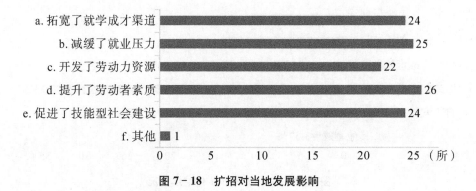

图 7-18 扩招对当地发展影响

(23) 质量型扩招自我评价

调研数据显示,有 19 所学校对质量型扩招的自我评价是基本实现,占比 67.86%,7 所学校反馈有点差距,2 所学校认为还有待进一步评估,总体来看,实现了质量型扩招,达到了满意。质量型扩招自我评价如图 7-19 所示。

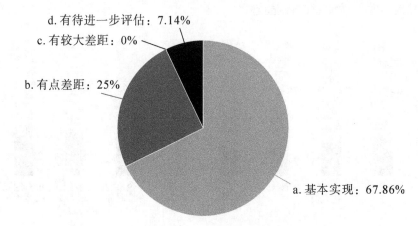

图 7-19　是否实现质量型扩招自我评价

(24)扩招政策和工作继续情况

通过调研发现,各学校看法不一,持有不同观点。选择"因地制宜、一省一策"占比 32.14%,选择"自主安排,一校一策"占比 21.43%。扩招政策和工作继续情况如图 7-20 所示。可见扩招政策和工作得到了各院校的认可,同时各院校也希望自主安排扩招工作。

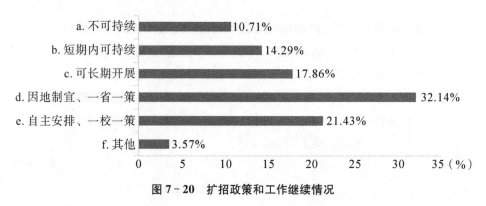

图 7-20　扩招政策和工作继续情况

(25)扩招招生入学考试形式

通过调研扩招招生入学考试形式,有 14 所学校采用"笔试+面试"相结合的形式,占比 50%,有 9 所学校采用仅采取"面试",有 3 所学校采用"笔试"。扩招招生入学考试形式如表 7-6 所示。可见各院校针对不同群体特点和受教育状况,采取不同的招生入学考试形式。

表 7-6　招生考试形式情况

选项	小计	比例
A. 笔试	3	10.71%
B. 面试	9	32.14%
C. 笔试＋面试	14	50%
D. 免试（含技能证书认定等）	0	0%
其他	2	7.14%
本题有效填写人次	28	

（26）扩招招生考试内容

向各高职院校调研，学校的扩招招生考试内容。有17所学校选择"文化素质＋职业技能"相结合的形式，占比60.71%，有4所学校侧重于采用"文化素质"，有4所学校侧重于采用"职业技能"。扩招招生考试内容如表7-7所示。可见各院校针对不同群体特点和受教育状况，选取不同考试内容，多数院校兼顾了文化素质和职业技能考核。

表 7-7　招生考试内容情况

选项	小计	比例
A. 文化素质＋职业技能	17	60.71%
B. 文化素质	4	14.29%
C. 职业技能	4	14.29%
D. 其他	3	10.71%
本题有效填写人次	28	

（27）录取形式

向各高职院校调研，学校的录取形式。有16所学校选择"各类生源分类考试，分类录取"的形式，有7所学校侧重于采用"各类生源统一考试，统一录取"，有4所学校侧重于采用"各类生源统一考试，按计划分类录"。录取形式如表7-8所示。可见57.14%的院校采取了各类生源分类考试，分类录取的形式。

表 7-8　招生录取形式

选项	小计	比例
A. 各类生源统一考试,统一录取	7	25%
B. 各类生源统一考试,按计划分类录取	4	14.29%
C. 各类生源分类考试,分类录取	16	57.14%
D. 其他	1	3.57%
本题有效填写人次	28	

2. 调研结论及对策建议

（1）调研结论

① 扩招学生的生源结构多元化

参与本次调研的 28 所院校,涉及不同办学层次办学性质、学校级别。其扩招后高职学生生源结构趋于多元化,形成了以普高毕业生、中职毕业生等为代表的传统学生,以退役军人、下岗失业人员、农民工等为代表的扩招学生。

② 扩招院校对缴纳学费困难学生提供了多项资助政策

扩张院校的经费来源主要还是来自国家财政性教育经费投入和学费收入,大多数学校都是按规定收取学费。对于缴费困难的学生,采用国家助学金、省级助学金、助学贷款等多项国家资助政策。

③ 扩招招生入学考试形式、考试内容和录取方式多样化

各高职院校采取分列招生计划、分类考试评价、分别选拔录取等措施,在严格规范、公平公正的基础上完成好扩招任务。有 50% 的学校采用"笔试+面试"相结合的形式进行招生入学考试,有 60.71% 的学校选择"文化素质+职业技能"相结合的形式确定考试内容,有 57.14% 的学校选择"各类生源分类考试,分类录取"的形式进行录取工作。

④ 基本实现了高质量扩招

19 所学校反馈基本实现了高质量扩招。各院校普遍认为通过扩招工作首先是提升了劳动者素质,其次是减缓了就业压力,拓宽了就学成才渠道,开发了劳动力资源,89.29% 的普高毕业生和中职毕业生毕业后的升学意向较高,学校也为扩招学生提供了多样化的就业指导与服务。

(2) 建议对策

① 实施质量型招生录取

综合考虑招生计划、专业基础和考生成绩等情况,分类确定招生考试录取标准,确保符合学校基本培养要求。学校在制定招生计划时,要着重考虑区域经济建设人才需求、学生就业前景以及学校的基本办学条件等要素;在招生考试内容上,进一步改革完善考试内容,分类选取考试内容;在录取方式上,分类确定录取标准。

② 完善学生资助体系

针对扩招学生本身有家庭困难的学生,除了国家相应的资助体系外,以学生为中心,可以在校内开展勤工助学等多种资助工作,全面提升资助质量和效果,保障学生能正常完成学业。

(二) 扩招生源教育教学情况调研数据分析及结论

1. 扩招学生教育教学调研数据分析

(1) 参与调研的院校

本次共调研 30 所院校,其中济南幼儿师范高等专科学校、山东特殊教育职业学院,没有扩招生源。参与调研的院校大多来自山东省内高职院校,调研数据分析主要来自以下 28 所院校,如表 7-9 所示。

表 7-9 参与调研的院校

滨州职业学院	莱芜职业技术学院	山东工程职业技术大学	山东职业学院
德州职业技术学院	曲阜远东职业技术学院	山东铝业职业学院	泰山职业技术学院
济南工程职业技术学院	日照职业技术学院	山东商业职业技术学院	威海海洋职业学院
淄博职业学院	山东城市建设职业学院	山东水利职业学院	威海职业学院
济南职业学院	山东传媒职业学院	山东司法警官职业学院	潍坊工商职业学院
济宁职业技术学院	山东电子职业技术学院	山东药品食品职业学院	烟台职业学院
湖南艺术职业学院	山东艺术设计职业学院	山东商务职业学院	烟台南山职业学院

(2) 学校建设

调研数据显示,28 所学校中,"双高"校 8 所,占所调研院校总数的 28.57%;国家级示范(或骨干)校 5 所,占所调研院校总数的 17.86%;省级示范(或骨干)校 8 所,占所调研院校总数的 28.57%;一般院校 13 所,占所调研院校总数的 46.43%。扩招的高校覆盖到了各类高职院校,所调研院校中优质高职院校占比为 53.57%,如表 7-10 所示。

表 7-10 各职业院校建设级别比例情况

选项	小计	比例
a. "双高"校	8	28.57%
b. 国家级示范(或骨干)校	5	17.86%
c. 省级示范(或骨干)校	8	28.57%
d. 一般院校	13	46.43%
本题有效填写人次	28	

(3) 学校性质

参与调研的 28 所职业院校中,公办院校有 24 所,占 85.71%;民办院校有 4 所,占 14.29%。公办院校仍是办学主力,如表 7-11 所示。

表 7-11 各职业院校性质分布比例情况

选项	小计	比例
a. 公办	24	85.71%
b. 民办	4	14.29%
c. 其他	0	0%
本题有效填写人次	28	

(4) 学校向扩招学生提供选择学习专业的方式

调研数据显示,24 所学校安排就业形势好的专业,占 85.71%;学校根据资源保障等实际情况安排学习专业的有 20 所,占 71.43%;学校安排优势专业的有 19 所,占 67.86%;学生可根据未来发展需求自主选择的有 17 所,占 60.71%;学生可根据个人兴趣自主选择的有 14 所,占 50%。参与调研的扩招院校较为重视扩招人才的培养,大多数扩招院校把就业形势较好的专业、教学资源保障较好的专业、优势专业,确定为扩招专业。考虑到个人兴趣、未来发展需求,部分院校在学生入学后,还为学生适当的提供了专业调整的机会,详情如表7-12所示。

表7-12 各职业院校向扩招学生提供选择学习专业的方式情况

选项	小计	比例
a. 学员可根据个人兴趣自主选择	14	50%
b. 学员可根据未来发展需求自主选择	17	60.71%
c. 学校安排优势专业	19	67.86%
d. 学校安排就业形势好的专业	24	85.71%
e. 学校根据资源保障等实际情况安排学习专业	20	71.43%
f. 其他	0	0%
本题有效填写人次	28	

(5)扩招学生学情调研

调研数据显示,进行学业水平测试或统计分析学历情况的有23所,占82.14%;对学习内容、学习方式、上课时间等需求展开调查的有23所,占82.14%;进行技术技能水平测试或统计分析职业技能测试或职业适应性测试成绩的有20所,占71.43%;进行原有学习成果情况调研的有18所,占64.29%;进行信息技术应用能力测试或调查的有15所,53.57%;没有开展学情调查的1所,占3.57%;其他的1所,占1.89%;对学习目标或学习期望调查的有17所,占60.71%。各院校非常重视扩招学生的学情调查,所有院校均不同程度开展过相关工作,主要侧重学业水平、学历情况、技术技能水平、职业适应性等情况测试,如表7-13所示。

表7-13 各职业院校针对扩招学生做的学情调查情况

选项	小计	比例
a. 学业水平测试或统计分析学历情况	23	82.14%
b. 技术技能水平测试或统计分析职业技能测试或职业适应性测试成绩	20	71.43%
c. 信息技术应用能力测试或调查	15	53.57%
d. 原有学习成果情况调研	18	64.29%
e. 学习目标或学习期望调查	17	60.71%

续表

选项	小计	比例
f. 学习内容、学习方式、上课时间等需求调查	23	82.14%
g. 没有开展学情调查	1	3.57%
h. 其他	0	0%
本题有效填写人次	28	

（6）扩招学生存在的主要学习困难

调研数据显示，扩招学生存在的主要学习困难反映为原有基础弱、学习方法和学习能力差的院校有27所，占96.43%；反映为工作与学习时间冲突、学习组织有难度（如集中上课不能按时参加）的有23所，占82.14%；反映为信息化学习能力不足、学习动力或持续性不足（如学习成绩不理想有退学想法）的有20所，占71.43%。扩招学生学习存在的主要困难比较集中。首先，是原有基础弱、学习方法和学习能力差；其次，反映工作与学习时间冲突、学习组织有难度（如集中上课不能按时参加）；再次，为信息化学习能力不足、学习动力或持续性不足（如学习成绩不理想有退学想法），具体情况如表7-14所示。

表7-14 扩招学生学习中存在的主要困难统计

选项	小计	比例
a. 原有基础弱，学习方法和学习能力差	27	96.43%
b. 信息化学习能力不足	20	71.43%
c. 学习动力或持续性不足（如学习成绩不理想有退学想法）	18	64.29%
d. 工作与学习时间冲突，学习组织有难度（如集中上课不能按时参加）	23	82.14%
e. 其他	0	0%
本题有效填写人次	28	

（7）不同类型扩招学生是否有针对性的人才培养方案

调研数据显示，为脱产学习人员单独编班并制订了专门的人才培养方案的院校有22所，占78.57%；将脱产学习人员编入原有班级并制订了补课方案的有9所，占32.14%；为不脱产学习人员单独编班并制订了工学交替培养方案的有 20 所,占 71.43%。各高职院校非常重视扩招学生的培养,所有参研院校均针对不同类型的扩招学生有针对性地制定了人才培养方案、编班方案及补课方案,详情如表 7-15 所示。

表 7-15　不同类型扩招学生是否有针对性的人才培养方案情况

选项	小计	比例
a. 为脱产学习人员单独编班并制订了专门的人才培养方案	22	78.57%
b. 将脱产学习人员编入原有班级并制订了补课方案	9	32.14%
c. 为不脱产学习人员单独编班并制订了工学交替培养方案	20	71.43%
d. 其他	0	0%
本题有效填写人次	28	

(8) 学校针对哪类学生采取了弹性学制

调研数据显示,弹性学制应用最多的生源类型是退役军人,有 27 所院校采用,占 96.43%。其次,分别为农民工,占 82.14%;下岗失业人员,占 75%;在职人员,占 71.43%。没有采取弹性学制的院校有 2 所,占 7.14%。所调研的高职院校普遍采用了弹性学制,充分考虑各类生源的学习需求,如表 7-16 所示。

表 7-16　各职业院校采取弹性学制的生源类型情况

选项	小计	比例
a. 退役军人	27	96.43%
b. 下岗失业人员	21	75%
c. 农民工	23	82.14%
d. 在职人员	20	71.43%
e. 都没有采取弹性学制	2	7.14%
f. 其他人员	0	0%
本题有效填写人次	28	

(9) 学校对扩招学生的编班方式

调研数据显示,按专业编班的有 27 院校,占 96.43%;校企合作编"订单班"的有 8 所,占 28.57%;编入普通生源班的有 12 所,占 42.86%。如表 7-17

所示,所调研的扩招院校 27 所院校均按专业编班,其中有 16 所院校实现单独编班。

表 7-17　各职业院校扩招学生中社会生源的编班方式统计

选项	小计	比例
a. 按专业编班	27	96.43%
b. 校企合作编"订单班"	8	28.57%
c. 编入普通生源班	12	42.86%
d. 其他(请注明)	0	0%
e. 没教过社会生源,不清楚	0	0%
本题有效填写人次	28	

(10) 相关院校教学组织形式

各高职院校教学组织形式总体看较为丰富,71.43%的院校主要采取集中在校教学;50%的院校采取校外划片集中教学、送教上门;50%的院校采取联合行业企业开展教学、实施订单培养。有 46.43%的院校还采取了对学生过往学习经历、专业相关成果进行认定,实施学分置换的措施,详情如表 7-18 所示。

表 7-18　各职业院校的教学组织形式统计

选项	小计	比例
A. 与普通学生合班教学	3	10.71%
B. 集中在校教学	20	71.43%
C. 校外划片集中教学,送教上门	14	50%
D. 联合行业企业开展教学,实施订单培养	14	50%
E. 过往学习经历、专业相关成果认定,实施学分置换	13	46.43%
F. 其他	1	3.57%
本题有效填写人次	28	

(11) 学校针对扩招学生如何解决课程和教学资源

调研数据显示,在 28 所参与调研的职业院校中,主要使用原有专业课程、教材与教学资源的有 23 所,占 82.14%;利用国家职业教育专业教学资源库的有 22 所,占 78.57%;专门开发了相关课程、教材与教学资源的有 18 所,占 64.29%;选用企业有关培训课程、教学资源的有 12 所,占 42.86%。高职院校解决其课程和教学资源的方式较为多样,如表 7-19 所示。

表 7-19　各职业院校针对扩招学生解决课程和教学资源的方式统计

选项	小计	比例
a. 利用国家职业教育专业教学资源库	22	78.57%
b. 专门开发了相关课程、教材与教学资源	18	64.29%
c. 主要使用原有专业课程、教材与教学资源	23	82.14%
d. 选用企业有关培训课程、教学资源	12	42.86%
e. 其他	0	0%
本题有效填写人次	28	

(12) 学校对扩招学生在教学内容做针对性调整

调研数据显示,在 28 所参与调研的职业院校中,根据实际情况灵活调整理论课与实践课教学比例的 25 所,占 89.29%;适当压缩理论性教学内容、增加实践性教学内容的院校有 18 所,占 64.29%;维持原专业的理论教学和实践教学内容比例的 7 所,占 25%;适当减少实践性教学内容、增加理论性教学内容的 6 所,占 21.43%。各学校根据扩招学生实际情况合理调整授课内容以及理论课与实践课教学比例,对其有针对性进行培养,具体如表 7-20 所示。

表 7-20　各职业院校针对扩招学生在教学内容上所做的调整情况

选项	小计	比例
a. 适当压缩理论性教学内容,增加实践性教学内容	18	64.29%
b. 适当减少实践性教学内容,增加理论性教学内容	6	21.43%
c. 维持原专业的理论教学和实践教学内容比例	7	25%
d. 根据实际情况灵活调整理论课与实践课教学比例	25	89.29%
e. 其他	0	0%
本题有效填写人次	28	

(13) 学校针对扩招学生开展的思想政治教育工作

调研数据显示,在 28 所参与调研的职业院校中,在专业课程学习与实习实训中融入专业精神、职业精神和工匠精神培养的有 28 所,占 100%;开齐开足思想政治理论课、党史国史课、中华优秀传统文化等相关课程的有 28 所,占 100%;开展主题教育活动(爱国爱党、维护安全等方面)的有 21 所,占 75%;开设相关内容讲座的有 19 所,占 67.86%。各学校都非常重视学生的思想政治教育,开足开全思政课,如表 7-21 所示。

表 7-21 各职业院校针对扩招学生开展的思想政治教育工作情况

选项	小计	比例
a. 开齐开足思想政治理论课、党史国史课、中华优秀传统文化等相关课程	28	100%
b. 在专业课程学习与实习实训中融入专业精神、职业精神和工匠精神培养	28	100%
c. 开设相关内容讲座	19	67.86%
d. 开展主题教育活动(爱国爱党、维护安全等方面)	21	75%
e. 其他	0	0%
本题有效填写人次	28	

(14)学校针对扩招学生主要采取的教学模式

调研数据显示,采用集中授课学习(包括线上和线下)方式的有 26 所,占 92.86%;项目式学习(包括线上和线下)有 21 院校采用,占 75%;用自主探究式学习(包括线上和线下)的 20 所,占 71.43%;用研讨型学习(包括线上和线下)的有 18 所,占 64.29%;用小组合作学习(包括线上和线下)的有 13 所,占 46.43%。针对扩招学生,集中授课学习(包括线上和线下)仍是各院校主要采取的教学形式,另外,大部分院校还采用了线上或者线下的自主探究式、项目式、研讨型、小组合作等具体教学形式,详情如表 7-22 所示。

表 7-22 各职业院校针对扩招学生主要采取的教学形式

选项	小计	比例
a. 集中授课学习(包括线上和线下)	26	92.86%
b. 自主探究式学习(包括线上和线下)	20	71.43%
c. 小组合作学习(包括线上和线下)	13	46.43%
d. 研讨型学习(包括线上和线下)	18	64.29%

选项	小计	比例
e. 项目式学习（包括线上和线下）	21	75%
f. 其他	0	0%
本题有效填写人次	28	

（15）各类扩招学生的集中上课时段

向各职业院校调研各类扩招学生的主要上课时间。统计后，26所院校上课时间为节假日白天，占92.86%；18所院校上课时间为工作日晚上，占64.29%；12所院校上课时间为节假日晚上，占42.86%；11所院校上课时间为工作日白天的，占39.29%。扩招学生上课时间主要集中在非工作时间，能够更好解决工学矛盾，详情如表7-23所示。

表7-23 各职业院校扩招学生的主要上课时间

选项	小计	比例
a. 工作日白天	11	39.29%
b. 工作日晚上	18	64.29%
c. 节假日白天	26	92.86%
d. 节假日晚上	12	42.86%
本题有效填写人次	28	

（16）扩招学生主要采取的教学评价方式

调研数据显示，在线测试的有26所，占92.86%；按平时表现评价的有21所，占75%；综合素质评价的有20所，占71.43%，技能实操考试的有19所，占67.86%；采用现场试卷测试的有18所，占64.29%；作品、研究报告类考评的有17所，占60.71%。可以看到，为适应扩招学生的实际情况，教学评价采用的方式更加灵活和多样，其中大多数院校采取在线测试、按平时表现评价方式。采用较多的还有现场试卷测试、作品（研究报告）类考评、技能实操考试、综合素质评价形式，如表7-24所示。

表 7-24　各职业院校适应扩招学生的教学评价方式

选项	小计	比例
a. 现场试卷测试	18	64.29%
b. 在线测试	26	92.86%
c. 作品、研究报告类考评	17	60.71%
d. 技能实操考试	19	67.86%
e. 平时表现评价	21	75%
f. 综合素质评价	20	71.43%
g. 其他	0	0%
本题有效填写人次	28	

(17) 学校对扩招学生的学业标准、毕业要求相比于普通学生的要求如何？

调研数据显示，27 所院校认为二者要求基本一致，占 96.43%；1 所院校认为扩招学生要求低于普通学生，占 3.57%。相比于普通学生的要求，对扩招学生的学业标准、毕业要求绝大多数的高职院校认为二者基本一致，个别少数院校认为扩招学生要求低于普通学生，详情如表 7-25 所示。

表 7-25　各职业院校对扩招学生的要求情况

选项	小计	比例
a. 二者要求基本一致	27	96.43%
b. 扩招学生要求低于正常学生	1	3.57%
c. 扩招学生要求高于正常学生	0	0%
d. 其他	0	0%
本题有效填写人次	28	

(18) 对扩招学生实施学分制的方式

调研数据显示，21 所修完本校课程兑换学分，占 75%；21 所可以用取得的职业技能证书兑换学分，占 75%；对工作经历、相关培训经历认定后可折算成相应实习实训学分或免修相应课程的院校有 21 所，占 75%；9 所通过其他途径课程学习兑换学分（如自考、成人教育、网络教育等），占 32.14%；参与职业教育国家学分银行试点进行学分兑换的有 5 所院校，占 17.86%。各高职院校普遍采用学分置换,且置换的内容丰富多样,详情如表7-26所示。

表7-26 各职业院校对扩招学生实施学分制的方式

选项	小计	比例
a. 修完本校课程兑换学分	21	75%
b. 其他途径课程学习兑换学分(如自考、成人教育、网络教育等)	9	32.14%
c. 取得的职业技能证书兑换学分	21	75%
d. 工作经历、相关培训经历认定后可折算成相应实习实训学分或免修相应课程	21	75%
e. 参与职业教育国家学分银行试点进行学分兑换	5	17.86%
f. 其他	0	0%
本题有效填写人次	28	

(19)扩招学生获取职业技能等级证书或其他证书的情况

调研数据显示,在28所参与调研的职业院校中,少于1/3学生已获得有关证书的院校有10所,占35.71%;等于或多于1/3,少于2/3学生已获得有关证书的有6所,占21.43%;等于或多于2/3学生已获得有关证书的有3所,占10.71%;未统计、不清楚的院校有9所,占32.14%。可见,各高职院校扩招学生已获取职业技能等级证书或其他证书的情况不尽相同。而约1/3的院校不了解相关情况,可见部分院校对"扩招学生获取职业技能等级证书或其他证书"没有引起足够的重视,详情如表7-27所示。

表7-27 各职业院校三年来扩招学生获取职业技能等级证书或其他证书的情况

选项	小计	比例
a. <1/3学员获得有关证书	10	35.71%
b. ≥1/3,<2/3学员获得有关证书	6	21.43%
c. ≥2/3学员获得有关证书	3	10.71%
d. 未统计,不清楚	9	32.14%
本题有效填写人次	28	

(20)扩招学生学业考试通过情况

调研数据显示,近92.86%的高职院校扩招学生考试通过率在90%以上;

3.75%的学校扩招生的考试通过率在80%~90%;3.75%的学校扩招生的考试通过率在70%~79%,如表7-28所示。

表7-28 各职业院校扩招学生学业考试通过情况

选项	小计	比例
a. 通过率在90%以上	26	92.86%
b. 通过率80%~90%	1	3.57%
c. 通过率70%~79%	1	3.57%
d. 通过率60%~69%	0	0%
e. 通过率60%以下	0	0%
本题有效填写人次	28	

(21) 扩招学生配备师资来源

调研数据显示,利用各专业原有专任教师资源的院校有27所,占96.43%;增加企业兼职人员的有16所,占57.14%;专门引进、招聘人才的有5所,占17.86%;增加社会力量兼职的有5所,占17.86%;增加银龄讲学补充的有3所,占10.71%。可以看出各院校都在积极地为扩招学生配备师资,而"利用各专业原有专任教师资源"是被绝大多数院校采用的方式,如表7-29所示。

表7-29 各职业院校为扩招学生配备教师的来源途径

选项	小计	比例
a. 利用各专业原有专任教师资源	27	96.43%
b. 专门引进、招聘人才	5	17.86%
c. 增加企业兼职人员	16	57.14%
d. 增加银龄讲学补充	3	10.71%
e. 增加社会力量兼职	5	17.86%
f. 其他	0	0%
本题有效填写人次	28	

(22) 学校组织教师针对扩招开展的教学改革

调研数据显示,配备专门教学管理人员有26所,占92.86%;开展教研工作(对学情、教学组织、课程调整、学生管理与考核评价等方面进行研究)的有24所,占85.71%;开展线上教学、线上测试与评价,开发数字资源的有24所,占85.71%;研究制订或修改人才培养方案的有23所,占82.14%;改造课程、编写教材或教案、开发教学资源的有22所,占78.57%;组建教学创新团队的院校有16所,占57.14%;现场进行实习实训专门指导的有11所,占39.29%,如表7-30所示。

表7-30 各职业院校针对扩招开展的教学改革情况

选项	小计	比例
a. 组建教学创新团队	16	57.14%
b. 配备专门教学管理人员	26	92.86%
c. 开展教研工作(对学情、教学组织、课程调整、学生管理与考核评价等方面进行研究)	24	85.71%
d. 研究制订或修改人才培养方案	23	82.14%
e. 改造课程、编写教材或教案、开发教学资源	22	78.57%
f. 开展线上教学、线上测试与评价,开发数字资源	24	85.71%
g. 现场进行实习实训专门指导	11	39.29%
h. 其他	0	0%
本题有效填写人次	28	

(23) 学校扩招后教学条件方面

调研数据显示,住宿条件不足的有16所,占57.14%;教学场地不足的院校有15所,占53.57%;实验实训仪器设备与材料不足的有15所,占53.57%;师资不足的有13所,占46.43%。在面向扩招学生教学困难方面,各高职院校主要面临三大困难依次为:住宿条件不足、教学场地不足、实验实训仪器设备与材料不足,如表7-31所示。

表 7-31 各职业院校扩招的教学条件中存在的困难

选项	小计	比例
a. 教学场地不足	15	53.57%
b. 实验实训仪器设备与材料不足	15	53.57%
c. 住宿条件不足	16	57.14%
d. 师资不足	13	46.43%
e. 其他	0	0%
本题有效填写人次	28	

(24) 扩招学生的学习效果

调研数据显示,认为学习效果良好、有助于升学或就业/在职工作的有21所,占75%;认为学习效果一般、对升学或就业/在职工作帮助不明显的有5所,占17.86%;认为学习效果较差、对升学或就业/在职工作没作用的有1所院校;还有1所院校没做过相关调查或了解。各高职院校对扩招学生的学习效果评价较高,75%的院校扩招学生认为学习效果良好、有助于升学或就业/在职工作。如表7-32所示。

表 7-32 各职业院校扩招学生的学习效果

选项	小计	比例
a. 学习效果良好,有助于升学或就业在职工作	21	75%
b. 学习效果一般,对升学或就业/在职工作帮助不明显	5	17.86%
c. 学习效果较差,对升学或就业/在职工作没作用	1	3.57%
e. 没做调查或了解,不清楚	1	3.57%
本题有效填写人次	28	

(25) 学校为扩招工作专门制订文件情况

调研数据显示,所有院校都制定了扩招工作实施方案、各类人员的人才培养方案,占100%;制定扩招学生管理办法的有20所,占71.43%;制定学分制管理办法(含原有学习成果认定与转换办法)的有16所,占57.14%;制定师资配备和培训文件的有15所,占53.57%;有经费保障方案的有12所,占

42.86%；制定了就业指导文件的有 11 所，占 39.29%；有校企合作文件的有 8 所，占 28.57%。详情如表 7-33 所示。扩招工作实施方案、各类人员的人才培养方案、扩招学生管理办法是大多数院校首先落地的文件。

表 7-33　各职业院校为扩招工作专门制订的文件

选项	小计	比例
a. 扩招工作实施方案	28	100%
b. 各类人员的人才培养方案	28	100%
c. 经费保障方案	12	42.86%
d. 师资配备和培训文件	15	53.57%
e. 校企合作文件	8	28.57%
f. 就业指导文件	11	39.29%
g. 扩招学生管理办法	20	71.439%
h. 学分制管理办法（含原有学习成果认定与转换办法）	16	57.14%
i. 其他	0	0%
本题有效填写人次	28	

（26）学校在扩招工作中遇到的主要问题

调研数据显示，各职业院校在扩招工作中遇到的主要问题主要为学生管理难度大的有 25 所，占 89.29%；认为学生学习能力弱的、学生学习兴趣或动力不足的有 24 所，均占 85.71%；认为教学实施有难度的有 22 所，占 78.57%；认为教学保障条件不足的、师资配备有困难的、校企合作难度大的有 10 所，均占 35.71%；认为学业评价有难度的有 9 所，均占 32.14%；认为生源不足或招生困难、经费不足的有 7 所，均占 25%；3 所院校认为就业有困难，占 10.71%。学生管理难度大、学生学习能力弱、学生学习兴趣或动力不足是办学中最突出的三个问题，详情如表 7-34 所示。

表 7-34　各职业院校在扩招办学中遇到的主要问题

选项	小计	比例
a. 生源不足或招生困难	7	25%
b. 经费不足	7	25%

续表

选项	小计	比例
c. 教学保障条件不足	10	35.71%
d. 师资配备有困难	10	35.71%
e. 教学实施有难度	22	78.57%
f. 学员学习能力弱	24	85.71%
g. 学员学习兴趣或动力不足	24	85.71%
h. 学员管理难度大	25	89.29%
i. 校企合作难度大	10	35.71%
j. 学业评价有难度	9	32.14%
k. 就业有困难	3	10.71%
l. 其他	0	0%
本题有效填写人次	28	

(27) 扩招对学校发展的积极影响

调研数据显示，认为扩招促进学校拓宽社会服务功能的有23所，占82.14%；认为扩招促进学校育训结合的院校有21所，占75%；认为扩招促进学校教学模式多元化的有20所，占71.43%；认为扩招提升学校治理能力的有16所，占57.14%；认为扩招挖掘了学校潜能的有13所，占46.43%，如表7-35所示。

表7-35 各职业院校扩招对学校发展的积极影响情况

选项	小计	比例
a. 促进学校育训结合	21	75%
b. 促进学校教学模式多元化	20	71.43%
c. 促进学校拓宽社会服务功能	23	82.14%
d. 提升学校治理能力	16	57.14%
e. 挖掘了学校潜能	13	46.43%
f. 其他	0	0%
本题有效填写人次	28	

(28) 扩招对当地发展的积极影响

调研数据显示,有 23 所院校认为提升了劳动者素质,占 82.14%;有 22 所院校认为开发了劳动力资源、促进了技能型社会建设,均占 78.57%;有 21 院校认为拓宽了就学成才渠道,占 75%;有 19 所院校认为减缓了就业压力,占 67.86%。总之,扩招对院校所在地区经济社会发展的积极作用是非常明显的,详情如表 7-36 所示。

表 7-36　各职业院校扩招对当地发展的积极影响

选项	小计	比例
a. 拓宽了就学成才渠道	21	75%
b. 减缓了就业压力	19	67.86%
c. 开发了劳动力资源	22	78.57%
d. 提升了劳动者素质	23	82.14%
e. 促进了技能型社会建设	22	78.57%
f. 其他	0	0%
本题有效填写人次	28	

(29) 学校实现质量型扩招最需要做好的工作(总分 5 分)

调研数据显示,"因材施教、做好教学改革"项得分 4.46,为最高;"开发优质教学资源"得分 4.04;"配备合适的师资队伍"得分 3.04;"做好学生管理工作"得分 2.71;"改善教学条件"得分 0.32。各高职院校认为质量型扩招最需要做好的工作依次为:因材施教、做好教学改革、开发优质教学资源、配备合适的师资队伍、做好学生管理工作等,如表 7-37 所示。

表 7-37　各职业院校学校实现质量型扩招最需要做好的工作

选项	平均综合得分(总分 5 分)
c. 因材施教,做好教学改革	4.46
a. 开发优质教学资源	4.04
b. 配备合适的师资队伍	3.04
d. 做好学生管理工作	2.71
e. 改善教学条件	0.32

(30) 扩招院校针对残疾学生的培养方式

调研数据显示,选择"与普通学生共同培养"的院校有 17 家,占 60.71%;选择"与现有独立设置的特殊教育机构合作"的院校有 7 家,占 25%;4 家院校选择其他方式,占 14.29%。"与普通学生共同培养"是 60% 以上的院校针对残疾学生选择的主要培养方式,具体如表 7-38 所示。

表 7-38 各职业院校针对残疾学生的培养方式

选项	小计	比例
A. 与现有独立设置的特殊教育机构合作	7	25%
B. 与普通学生共同培养	17	60.71%
C. 其他	4	14.29%
本题有效填写人次	28	

(31) 学校针对非脱产扩招学生采取的教学组织方式

调研数据显示,针对不脱产扩招学生采取的教学组织方式采用线上教学与线下教学相结合的 26 家,占 92.86%;有 24 家院校选择集中教学与分散教学相结合,占 85.71%;选择校内教学与校外教学相结合的有 21 所,占 75%;选择送教上门与自主学习相结合的有 12 家,占 42.68%;采用工学交替方式的有 9 家,占 32.14%;有 4 家院校采用学徒制教学形式,占 14.29%。集中教学与分散教学相结合、线上教学与线下教学相结合、校内教学与校外教学相结合是各扩招院校针对不脱产扩招学生采取的选用最多的三种教学组织形式,详情如表 7-39 所示。

表 7-39 各职业院校针对非脱产扩招学生采取的教学组织方式

选项	小计	比例
a. 集中教学与分散教学相结合	24	85.71%
b. 校内教学与校外教学相结合	21	75%
c. 线上教学与线下教学相结合	26	92.86%
d. 送教上门与自主学习相结合	12	42.86%
e. 工学交替	9	32.14%
f. 学徒制教学形式	4	14.29%
g. 其他	0	0%
本题有效填写人次	28	

(32)面向扩招学生组织实践教学的主要形式

调研数据显示,采用课程内实践教学的院校有23所,占82.14%;采用校内综合实训的有21所,占75%;采用顶岗实习的有15所,占53.57%。各高职院校面向扩招学生主要采用的实践教学形式采用课程内实践教学、校内综合实训、顶岗实习,具体如表7-40所示。

表7-40 各职业院校面向扩招学生的实践教学主要形式

选项	小计	比例
a. 课程内实践教学	23	82.14%
b. 校内综合实训	21	75%
c. 顶岗实习	15	53.57%
d. 其他	0	0%
本题有效填写人次	28	

(33)负责扩招学生的授课教师具备的特点

调研数据显示,教学经验丰富的有27所,占96.43%;具备行业经验丰富特点的院校有24所,占85.71%;学生管理经验丰富的有23所,占82.14%,具体如表7-41所示。

表7-41 各职业院校负责扩招学生的授课教师具备的特点

选项	小计	比例
a. 行业经验丰富	24	85.71%
b. 教学经验丰富	27	96.43%
c. 学生管理经验丰富	23	82.14%
d. 其他	0	0%
本题有效填写人次	28	

(34)扩招学生和辅导员的沟通方式

调研数据显示,采用电话沟通的有26所,占92.86%;采用社交类软件的有25所,占89.29%;选择当面交流的有23所院校,占82.14%;用邮箱的有15所,占53.57%;有3所院校采用其他的方式沟通,占10.71%。辅导员和扩招学生的沟通方式还是比较多样的,其中又以电话和社交类软件为主要方式,详情如表7-42所示。

表 7-42　各职业院校扩招学生和辅导员的沟通方式

选项	小计	比例
a. 当面交流	23	82.14%
b. 电话	26	92.86%
c. 社交类软件	25	89.29%
d. 邮箱	15	53.57%
e. 其他	3	10.71%
本题有效填写人次	28	

(34) 学生课堂出勤率

调研数据显示,出勤率 90% 以上的院校有 10 所,占 35.71%;出勤率在 80%～90% 的院校有 5 所,占 17.86%;出勤率在 70%～80% 的院校有 5 所,占 17.86%;出勤率在 60%～70% 的院校有 3 所,占 10.71%;出勤率在 50% 以下的院校有 3 所,占 10.71%。60% 以上的院校课堂出勤率在 80% 以上。相较于普通学生,扩招学生出勤率还存在一定差距;学校之间扩招学生的出勤率也差别较大,如表 7-43 所示。

表 7-43　各职业院校学生课堂出勤情况

选项	小计	比例
a. 90% 以上	10	35.71%
b. 80%～90%	5	17.86%
c. 70%～80%	5	17.86%
d. 60%～70%	3	10.71%
e. 50%～60%	2	7.14%
f. 50% 以下	3	10.71%
本题有效填写人次	28	

(35) 扩招学生课程的及格率

调研数据显示,及格率在 80% 以上的院校有 33 所,占 62.26%;及格率在 60%～80% 的有 15 所,占 28.3%;及格率在 40%～60% 的有 4 所,占 7.55%;还有 1 所院校在 40% 以下。相较于普通学生,扩招学生及格率还存在一定差距;学校之间及格率较为集中,绝大多数院校在 60% 以上,如表 7-44 所示。

表 7-44　各职业院校扩招学生课程的及格率统计

选项	小计	比例
a. 80%以上	26	92.86%
b. 60%~80%	1	3.57%
c. 40%~60%	1	3.57%
d. 40%以下	0	0%
本题有效填写人次	28	

(36) 扩招学生最关注的问题

调研数据显示,关注程度由大到小分别为与普通学生毕业证书是否相同、补贴政策落实、在落户就业等方面与普通高校毕业生享受同等待遇、其他,占比分别为 85.71%、75%、60.71%,详情如表 7-45 所示。

表 7-45　各职业院校扩招学生最关注的问题

选项	小计	比例
a. 与普通学生毕业证书是否相同	24	85.71%
b. 在落户、就业等方面与普通高校毕业生享受同等待遇	17	60.71%
c. 补贴政策落实	21	75%
d. 其他	0	0%
本题有效填写人次	28	

2. 调研结论及对策建议

(1) 调研结论

课题组调查 2019 年以来省内各高职院校在扩招学生管理、教学组织等各方面情况,通过对数据深入分析与研究,针对各高职院校在扩招人才培养、管理方面的整体情况,得出以下结论:

① 扩招生源学情相对复杂,部分学生文化基础相对薄弱。调研数据显示反映原有基础弱、学习方法和学习能力差的院校占 96.23%;信息化学习能力不足的、学习动力或持续性不足(如学习成绩不理想有退学想法)的占 67.92%。扩招学生生源多元化,部分学生年龄偏大,理论基础相对薄弱;生源类型之间、同一类型学生之间存在学历层次、理解能力、信息化能力等各方

面存在不均衡的现象,专业理论知识的掌握程度参差不齐。

② 工学矛盾突出,部分学习动力不足,教学组织实施有一定难度。据调研,反映工作与学习时间冲突、学习组织有难度(如集中上课不能按时参加)的院校占 79.25%;71.7% 的学院认为其学习兴趣或动力不足;60.38% 院校认为教学实施有难度。扩招学生大多数为已参加工作,而且很多学生工作地点与上课地点不在同一个城市,存在到校上课难的情况,工学矛盾较为突出。同时,由于学生对发展愿景的认识不同,对学习的重视程度不同,部分存在学习动力不足,自主学习意愿不高,从而造成了教学组织实施,特别是集中教育教学存在一定难度。

③ 学生出勤率不高。针对学生课堂出勤率调研发现,出勤率在 90% 以上的院校占 43.4%;出勤率在 80%～90% 的占 20.75%;出勤率在 70%～80% 间的占 11.32%;出勤率在 60%～70% 的院校占 9.43%;出勤率在 50% 以下的占 9.43%。总体来看 60% 以上的院校扩招学生的课堂出勤率在 80% 以上,部分学生存在只想拿文凭的想法,日常联系有一定困难,学习参与度不高。

(2) 建议对策

① 因地制宜,因材施教,教学组织形式多样化。综合考虑不同生源情况、专业教学特点、实际教学资源等多方买因素,打破时间与空间的限制,采用全日制、周末班、分时段集中授课等方式,采用线上教学与线下教学相结合、集中教学与分散教学相结合、校内教学与校外教学相结合、送教上门与自主学习相结合、工学交替、学徒制教学形式等教学组织形式,以满足学生多样化的学习需求。

② 强化入学前专业咨询指导,面向学生强化"标准不降、质量不减"入脑入心。在报名及入学前通过各种渠道加强对专业、学习要求、教学安排、毕业条件等的介绍,让学生及时了解专业学习要求,合理选择学习专业,做好入学后的按照"标准不降、质量不减"完成专业学的准备。

③ 注重过程管理,提高学生自主学习能力。由所属院系选派经验丰富、业务能力强、工作认真负责的教师和辅导员担任授课和班级管理工作。严格执行关于高职扩招学生集中学习不低于总学时 40% 的规定。加强考勤与教学过程管理,明确教师课堂管理第一责任人的职责,严格课堂考勤,严肃课堂纪律。通过"云班课"、在线教学平台等信息化平台记录学生出勤及学习情况,实行动态评价。

(三)扩招生源师资情况调研数据分析及结论

1. 高职扩招教师调研数据分析

(1) 高职院校扩招学生类型

在303份有效问卷提供的调研结果中,扩招生源中普高毕业生占80.2%,社会生源占63.7%,中职毕业生占63.04%。详情如表7-46所示。

表7-46 高职院校扩招学生类型

选项	小计	比例
a. 中职毕业生	191	63.04%
b. 普高毕业生	243	80.2%
c. 社会生源	193	63.7%
本题有效填写人次	303	

(2) 扩招社会生源情况

调研显示,扩招生源中退役军人占比最大,占92.74%;下岗失业人员占38.94%;农民工占37.29%;企事业在职员工占29.04%;基层农技人员占10.56%;乡村干部(含村两委干部)占5.61%;其他占7.59%。扩招社会生源情况如表7-47所示。

表7-47 扩招社会生源

选项	小计	比例
a. 退役军人	281	92.74%
b. 下岗失业人员	118	38.94%
c. 农民工	113	37.29%
d. 企事业在职员工	88	29.04%
e. 基层农技人员	32	10.56%
f. 乡村干部(含村两委干部)	17	5.61%
g. 其他(请注明)	23	7.59%
本题有效填写人次	303	

(3) 教师对扩招学生的教育理念

调研显示,按需施教是多数教师对扩招学生的教育共识,占67.99%。其他的教育理念中,认为扬长补短的占 21.78%;认为缺啥补啥的占 5.94%;认为扬长避短的占 4.29%。具体数据如表 7-48 所示。

表 7-48 教师对扩招学生的教育理念

选项	小计	比例
a. 扬长补短	66	21.78%
b. 扬长避短	13	4.29%
e. 缺啥补啥	18	5.94%
d. 按需施教	206	67.99%
本题有效填写人次	303	

(4) 教师对所教扩招学生姓名熟知情况

调研数据显示,各职业院校教师对所教扩招学生姓名的熟知情况不容乐观。学生姓名能大部分叫出的教师占 40.59%;能少部分叫出的教师占 31.68%;能半数叫出的教师占 12.54%;能全部叫出的教师占 12.21%;不记得学生姓名的教师占 2.97%。调研数据如表 7-49 所示。

表 7-49 教师对所教扩招学生姓名熟知情况

选项	小计	比例
a. 全部	37	12.21%
b. 大部分	123	40.59%
c. 半数	38	12.54%
d. 小部分	96	31.68%
e. 没有	9	2.97%
本题有效填写人次	303	

(5) 教师对所教扩招学生的了解情况

调研显示,总体上,教师对所教扩招学生比较了解。具体来看,对扩招学生从业经历方面十分了解的占 16.17%;了解的占 39.93%;一般了解的占 34.65%;不太了解的占 7.59%;完全不了解的占 1.65%。对扩招学生知识技能基础方面十分了解的占 17.82%;了解的占 48.84%;一般了解的占 26.73%;不太了解的占 5.28%;完全不了解的占 1.32%。对扩招学生学习目的十分了解的占 21.45%;了解的占 48.84%;一般了解的占 24.09%;不太了解的占 4.62%;完全不了解的占 0.99%。对扩招学生学习兴趣方面十分了解的占 18.48%;了解的占 49.17%;一般了解的占 25.41%;不太了解的占 5.94%;完全不了解的占 0.99%。对扩招学生学习能力方面十分了解的占 20.46%;了解的占 46.86%;一般了解的占 26.4%;不太了解的占 5.28%;完全不了解的占 0.99%。对扩招学生认知特点十分了解的占 19.47%;了解的占 47.19%;一般了解的占 27.72%;不太了解的占 4.62%;完全不了解的占 0.99%。对扩招学生发展愿景十分了解的占 18.15%;了解的占 45.54%;一般了解的占 29.37%;不太了解的占 5.94%;完全不了解的占 0.99%。教师对所教扩招学生的详细了解情况如表 7-50 所示。

表 7-50 教师对所教扩招学生的了解情况

选项	十分了解	了解	一般	不太了解	完全不了解
a. 从业经历	49(16.17%)	121(39.93%)	105(34.65%)	23(7.59%)	5(1.65%)
b. 知识技能基础	54(17.82%)	148(48.84%)	81(26.73%)	16(5.28%)	4(1.32%)
c. 学习目的	65(21.45%)	148(48.84%)	73(24.09%)	14(4.62%)	3(0.99%)
d. 学习兴趣	56(18.48%)	149(49.17%)	77(25.41%)	18(5.94%)	3(0.99%)
e. 学习能力	62(20.46%)	142(46.86%)	80(26.4%)	16(5.28%)	3(0.99%)
f. 认知特点	59(19.47%)	143(47.19%)	84(27.72%)	14(4.62%)	3(0.99%)
g. 发展愿景	55(18.15%)	138(45.54%)	89(29.37%)	18(5.94%)	3(0.99%)

(6) 扩招学生知识基础与普通生源对比情况

调研数据显示,各类扩招学生在知识基础的掌握上均略低于普通生源。与普通生源相比,认为退役军人知识基础高于普通生源的占 3.96%;认为略高于普通生源的占 7.59%;认为两者相当的占 23.43%;认为略低于普通生源的占 42.57%;认为低于普通生源的占 22.44%。认为下岗失业人员知识基础高于普通生源的占 1.98%;认为略高于普通生源的占 4.29%;认为两者相当的占 14.19%;认为略低于普通生源的占 48.51%;认为低于普通生源的占 31.02%。认为农民工知识基础高于普通生源的占 1.98%;认为略高于普通生源的占 2.64%;认为两者相当的占 10.89%;认为略低于普通生源的占 43.89%;认为低于普通生源的占 40.59%。认为企事业在职员工知识基础高于普通生源的占 7.26%；认为略高于普通生源的占 18.48%；认为两者相当的占 31.02%；认为略低于普通生源的占 29.37%；认为低于普通生源的占 13.86%。认为基层农技人员知识基础高于普通生源的占 5.94%；认为略高于普通生源的占 13.2%；认为两者相当的占 26.07%；认为略低于普通生源的占 37.95%；认为低于普通生源的占 16.83%。认为乡村干部（含村两委干部）知识基础高于普通生源的占 5.94%；认为略高于普通生源的占 15.18%；认为两者相当的占 27.06%；认为略低于普通生源的占 34.32%；认为低于普通生源的占 17.49%。扩招学生知识基础与普通生源对比详情如表 7-51 所示。

表 7-51 扩招学生知识基础与普通生源对比情况

选项	高于普通生源	略高于普通生源	相当	略低于普通生源	低于普通生源
a. 退役军人	12(3.96%)	23(7.59%)	71(23.43%)	129(42.57%)	68(22.44%)
b. 下岗失业人员	6(1.98%)	13(4.29%)	43(14.19%)	147(48.51%)	94(31.02%)
c. 农民工	6(1.98%)	8(2.64%)	33(10.89%)	133(43.89%)	123(40.59%)
d. 企事业在职员工	22(7.26%)	56(18.48%)	94(31.02%)	89(29.37%)	42(13.86%)
e. 基层农技人员	18(5.94%)	40(13.2%)	79(26.07%)	115(37.95%)	51(16.83%)
f. 乡村干部（含村两委干部）	18(5.94%)	46(15.18%)	82(27.06%)	104(34.32%)	53(17.49%)

（7）扩招学生综合素质与普通生源对比情况

调研数据显示，各类扩招学生在综合素质方面与普通生源旗鼓相当。具体来看，与普通生源相比，认为退役军人综合素质高于普通生源的占 9.24%；认为略高于普通生源的占 25.41%；认为两者相当的占 31.35%；认为略低于普通生源的占 20.46%；认为低于普通生源的占 13.53%。认为下岗失业人员综合素质高于普通生源的占 3.3%；认为略高于普通生源的占 10.89%；认为两者相当的占 34.98%；认为略低于普通生源的占 34.98%；认为低于普通生源的占 15.84%。认为农民工综合素质高于普通生源的占 3.3%；认为略高于普通生源的占 6.27%；认为两者相当的占 33.99%；认为略低于普通生源的占 36.63%；认为低于普通生源的占 19.8%。认为企事业在职员工综合素质高于普通生源的占9.9%;认为略高于普通生源的占21.12%;认为两者相当的占36.96%;认为略低于普通生源的占22.11%;认为低于普通生源的占9.9%。认为基层农技人员综合素质高于普通生源的占6.6%;认为略高于普通生源的占21.12%;认为相当的占36.63%;认为略低于普通生源的占25.74%;认为低于普通生源的占9.9%。认为乡村干部(含村两委干部)综合素质高于普通生源的占9.9%;认为略高于普通生源的占21.78%;认为相当的占34.98%;认为略低于普通生源的占22.77%;认为低于普通生源的占10.56%。扩招学生综合素质与普通生源对比详情如表7-52所示。

表7-52 扩招学生综合素质与普通生源对比情况

选项	高于普通生源	略高于普通生源	相当	略低于普通生源	低于普通生源
a. 退役军人	28(9.24%)	77(25.41%)	95(31.35%)	62(20.46%)	41(13.53%)
b. 下岗失业人员	10(3.3%)	33(10.89%)	106(34.98%)	106(34.98%)	48(15.84%)
c. 农民工	10(3.3%)	19(6.27%)	103(33.99%)	111(36.63%)	60(19.8%)
d. 企事业在职员	30(9.9%)	64(21.12%)	112 36.96%)	67(22.11%)	30(9.9%)
e. 基层农技人员	20(6.6%)	64(21.12%)	111(6.63%)	78(25.74%)	30(9.9%)
f. 乡村干部(含村两委干部)	30(9.9%)	66(21.78%)	106 34.98%)	69(22.77%)	32(10.56%)

(8) 与普通生源相比,扩招学生的优点

调研显示,与普通生源相比,扩招学生在社会经验和人际关系处理等方面展现出来的优势明显。调研数据认为扩招学生社会经验足的占88.78%;认为人际关系处理能力强的占69.31%;认为学习目标明确的占46.86%;认为学习意愿强的占39.6%;认为组织纪律性强的占30.69%;认为学习自觉性强的占28.38%;认为自学能力强的占23.1%;认为学习精力投入高的占9.9%;认为没发现优点的占5.61%;其他优点占0.99%。扩招学生的优点如表7-53所示。

表7-53 与普通生源相比,扩招学生的优点

选项	小计	比例
a. 社会经验足	269	88.78%
b. 组织纪律性强	93	30.69%
c. 学习意愿强	120	39.6%
d. 学习自觉性强	86	28.38%
e. 自学能力强	70	23.1%
f. 学习目标明确	142	46.86%
g. 学习精力投入高	30	9.9%
h. 人际关系处理能力强	210	69.31%
i. 其他(请注明)	3	0.99%
j. 没发现	17	5.61%
本题有效填写人次	303	

(9) 扩招生学习中遇到的困难

调研显示,扩招学生在学习中遇到的困难里占前三位的分别是基础薄弱、工学矛盾、学习方法差。其中,认为基础弱的占90.1%;认为工学矛盾突出的占69.64%;认为学习方法差的占55.12%;认为数字技能不足的占44.88%,详情如表7-54所示。

表7-54 扩招生学习中遇到的困难

选项	小计	比例
a. 基础弱	273	90.1%
b. 学习方法差	167	55.12%
c. 数字技能不足	136	44.88%
d. 工学矛盾突出	211	69.64%
e. 其他(请注明)	3	0.99%
f. 没发现	5	1.65%
本题有效填写人次	303	

(10) 学校为扩招学生分类制订人才培养方案情况

各职业院校重视对扩招学生的培养,绝大多数学校都为扩招学生分类制订了人才培养方案。数据显示,分类制订的占92.08%,未分类制订的占

7.92%,详情如表7-55所示。

表7-55 学校为扩招学生分类制订人才培养方案情况

选项	小计	比例
a. 是	279	92.08%
b. 否	24	7.92%
本题有效填写人次	303	

（11）按需施教，为扩招学生分类制定专业人才培养方案

大多数参与调研的院校认同"为扩招学生分类制定专业人才培养方案能很好地体现按需施教"。对这一观点非常同意的占47.52%；同意的占40.59%；一般的占9.57%；不同意的占1.32%；非常不同意的占0.99%，详情如表7-56所示。

表7-56 按扩招学生分类制定专业人才培养方案情况

选项	小计	比例
a. 非常同意	144	47.52%
b. 同意	123	40.59%
c. 一般	29	9.57%
d. 不同意	4	1.32%
e. 非常不同意	3	0.99%
本题有效填写人次	303	

（12）扩招学生社会生源的主要编班方式

各职业院校扩招学生社会生源的主要编班方式是按专业编班，占74.26%。在其他的编班方式中，校企合作编"订单班"的占30.69%；编入普通生源班的占24.09%；没教过社会生源、不清楚的占7.59%；其他形式的占1.98%，详情如表7-57所示。

表7-57 扩招学生社会生源的主要编班方式

选项	小计	比例
a. 按专业编班	225	74.26%
b. 校企合作编"订单班"	93	30.69%
c. 编入普通生源班	73	24.09%

续表

选项	小计	比例
d. 其他（请注明）	6	1.98%
e. 没教过社会生源，不清楚	23	7.59%
本题有效填写人次	303	

（13）各类扩招学生的主要上课时间

调研显示，各类扩招学生的主要上课时间集中在节假日的白天，这个时间占比39.6%。选择工作日白天上课的占38.28%；工作日晚上上课的17.16%；节假日晚上上课的4.95%，详情如表7-58所示。

表7-58 各类扩招学生的主要上课时间

选项	小计	比例
a. 工作日白天	116	38.28%
b. 工作日晚上	52	17.16%
c. 节假日白天	120	39.6%
d. 节假日晚上	15	4.95%
本题有效填写人次	303	

（14）扩招学生常用的教学组织形式与普通生源相比的区别

调研显示，扩招学生常用的教学组织形式与普通生源相比还是有所区别的。其中，认为区别较大的占39.93%；认为有点区别的占33.99%；认为区别很大的占17.16%；认为极少区别的占4.95%；认为没有区别的占3.96%，详情如表7-59所示。

表7-59 扩招学生常用的教学组织形式与普通生源相比的区别

选项	小计	比例
a. 很大区别	52	17.16%
b. 较大区别	121	39.93%
c. 有点区别	103	33.99%
d. 极少区别	15	4.95%
e. 没有区别	12	3.96%
本题有效填写人次	303	

(15) 扩招学生常用的教学组织形式

调研显示,各职业院校对扩招学生常用的教学组织形式中,排在前三位的分别是线上与线下教学相结合、集中教学与分散教学相结合、校内教学与校外教学相结合。其中,采用线上教学与线下教学相结合的占74.59%;集中教学与分散教学相结合的占66.01%;校内教学与校外教学相结合的占53.47%;教师辅导和学生自主学习相结合的占52.81%;"旺工淡学"的错峰教学("旺"季以企业实践为主,"淡"季以学校教学为主)的占18.15%;建立"社区学区""企业学区"等就近实施教学的占5.61%;送教上门(下乡)的占3.63%;其他形式的占0.66%;以上都没有的占1.32%,详情如表7-60所示。

表7-60 扩招学生常用的教学组织形式

选项	小计	比例
a. 集中教学与分散教学相结合	200	66.01%
b. 校内教学与校外教学相结合	162	53.47%
c. 线上教学与线下教学相结合	226	74.59%
d. 教师辅导和学生自主学习相结合	160	52.81%
e. "旺工淡学"的错峰教学("旺"季以企业实践为主,"淡"季以学校教学为主)	55	18.15%
f. 送教上门(下乡)	11	3.63%
g. 建立"社区学区""企业学区"等就近实施教学	17	5.61%
h. 其他(请注明)	2	0.66%
i. 以上都没有	4	1.32%
本题有效填写人次	303	

(16) 扩招学生常用的教学方法与普通生源相比的区别

调研显示,扩招学生常用的教学方法与普通生源也是有区别的。认为较大区别的占41.91%;认为有点区别的占34.32%;认为很大区别的占17.82%;认为极少区别的占3.3%;认为没有区别的占2.64%,详情如表7-61所示。

表7-61 扩招学生常用的教学方法与普通生源相比的区别

选项	小计	比例
a. 很大区别	54	17.82%
b. 较大区别	127	41.91%
c. 有点区别	104	34.32%
d. 极少区别	10	3.3%
e. 没有区别	8	2.64%
本题有效填写人次	303	

(17) 扩招学生常用的教学方法

调研显示,讲授法是扩招学生最常用的教学方法,平均综合得分为5.54分。其他的教学方法中,讨论法平均综合得分3.65分;案例教学法平均综合得分3.33分;演示法平均综合得分3.32分;项目教学法平均综合得分3.18分;情境教学法平均综合得分1.73分;其他平均综合得分0.13分,详情如表7-62所示。

表7-62 扩招学生常用的教学方法

选项	平均综合得分
a. 讲授法	5.54
b. 讨论法	3.65
e. 案例教学法	3.33
c. 演示法	3.32
d. 项目教学法	3.18
f. 情境教学法	1.73
g. 其他(请注明)	0.13

(18) 扩招学生出勤率情况

调研显示,各类扩招学生在学习期间的出勤情况良好,个别学生出勤率低。具体来看,退役军人80%以上出勤率的占36.3%;60%~80%出勤率的占29.37%;40%~60%出勤率的占17.82%;20%~40%出勤率的占10.89%;20%以下出勤率的占5.61%。下岗失业人员80%以上出勤率的占26.73%;60%~80%出勤率的占30.36%;40%~60%出勤率的占23.1%;

20%~40%出勤率的占13.2%;20%以下出勤率的占6.6%。农民工80%以上出勤率的占24.75%;60%~80%出勤率的占27.39%;40%~60%出勤率的占24.42%;20%~40%出勤率的占14.85%;20%以下出勤率的占8.58%。企事业在职员工80%以上出勤率的占28.71%;60%~80%出勤率的占30.03%;40%~60%出勤率的占20.13%;20%~40%出勤率的占13.86%;20%以下出勤率的占7.26%。基层农技人员80%以上出勤率的占27.06%;60%~80%出勤率的占29.7%;40%~60%出勤率的占20.79%;20%~40%出勤率的占15.84%;20%以下出勤率的占6.6%。乡村干部(含村两委干部)80%以上出勤率的占28.05%;60%~80%出勤率的占30.69%;40%~60%出勤率的占19.8%;20%~40%出勤率的占13.86%;20%以下出勤率的占7.59%,详情如表7-63所示。

表7-63 扩招学生出勤率情况

选项	80%以上	60%~80%	40%~60%	20%~40%	20%以下
a. 退役军人	110(36.3%)	89(2937%)	54(17.82%)	33(10.89%)	17(5.61%)
b. 下岗失业人员	81(26.73%)	92(30.36%)	70(23.1%)	40(13.2%)	20(6.6%)
c. 农民工	75(24.75%)	83(27.39%)	74(24.42%)	45(14.85%)	26(8.58%)
d. 企事业在职员工	87(28.71%)	91(30.03%)	61(20.13%)	42(13.86%)	22(7.26%)
e. 基层农技人员	82(27.06%)	90(29.7%)	63(20.79%)	48(15.84%)	20(6.6%)
f. 乡村干部(含村两委干部)	85(28.05%)	93(30.69%)	60(19.8%)	42(13.86%)	23(7.59%)

(19)扩招学生集中在学习上的时间和精力比例情况

调研显示,大部分扩招学生能把时间和精力集中在学习上。集中在学习上的时间和精力比例,退役军人80%以上的占21.78%;60%~80%的占35.31%;40%~60%的占22.77%;20%~40%的占13.86%;20%以下的占6.27%。下岗失业人员80%以上的占17.16%;60%~80%的占31.35%;40%~60%的占27.72%;20%~40%的占17.16%;20%以下的占6.6%。农民工80%以上的占15.51%;60%~80%的占28.38%;40%~60%的占29.04%;20%~40%的占19.14%;20%以下的占7.92%。企事业在职员工80%以上的占18.15%;60%~80%的占32.67%;40%~60%的占26.73%;20%~40%的占15.51%;20%以下的占6.93%。基层农技人员80%以上的

占 18.81%;60%~80%的占 31.68%;40%~60%的占 26.4%;20%~40%的占 15.51%;20%以下的占 7.59%。乡村干部(含村两委干部)80%以上的占 19.47%;60%~80%的占 33.66%;40%~60%的占 23.43%;20%~40%的占 15.51%;20%以下的占 7.92%,详情如表 7-64 所示。

表 7-64 扩招学生集中在学习上的时间和精力比例情况

选项	80%以上	60%~80%	40%~60%	20%~40%	20%以下
a. 退役军人	66(21.78%)	107(35.31%)	69(22.77%)	42(13.86%)	19(6.27%)
b. 下岗失业人员	52(17.16%)	95(31.35%)	84(27.72%)	52(17.16%)	20(6.6%)
c. 农民工	47(15.51%)	86(28.38%)	88(29.04%)	58(19.14%)	24(7.92%)
d. 企事业在职员工	55(18.15%)	99(32.67%)	81(26.73%)	47(15.51%)	21(6.93%)
e. 基层农技人员	57(18.81%)	96(31.68%)	80(26.4%)	47(15.51%)	23(7.59%)
f. 乡村干部(含村两委干部)	59(19.47%)	102(33.66%)	71(23.43%)	47(15.51%)	24(7.92%)

(20)为保证课程教学效果,线上教学资源利用情况

调研显示,为保证课程教学效果,各职业院校线上教学资源利用率较高。在提交的 303 份有效问卷中,235 人次选用"利用国家级职业教育专业教学资源库",占比 77.56%;利用其他学校或企业等开发的相关线上教学资源的有 221 人次,占比 72.94%;利用自行开发的配套线上教学资源的有 227 人次,占比 74.92%;利用其他资源的有 5 人次,占比 1.65%;没准备的占比 0.66%,详情如表 7-65 所示。

表 7-65 为保证课程教学效果,线上教学资源利用情况

选项	小计	比例
a. 利用国家级职业教育专业教学资源库	235	77.56%
b. 利用其他学校或企业等开发的相关线上教学资源	221	72.94%

选项	小计	比例
c. 利用自行开发的配套线上教学资源	227	74.92%
d. 其他（请注明）	5	1.65%
e. 没准备	2	0.66%
本题有效填写人次	303	

(21) 学校为扩招学生安排实习单位的方式

调研显示，通过学校的校企合作途径是各学校为扩招学生安排实习单位的最主要方式，占81.19%。通过与在职扩招学生自己的单位合作的占70.3%；学生自己找的占45.87%；中介介绍的占15.51%；其他方式的占1.32%；没有安排的占2.97%，详情如表7-66所示。

表7-66 学校为扩招学生安排实习单位的方式

选项	小计	比例
a. 通过学校的校企合作途径	246	81.19%
b. 通过与在职扩招学生自己的单位合作	213	70.3%
c. 中介介绍	47	15.51%
d. 学生自己找的	139	45.87%
e. 其他（请注明）	4	1.32%
f. 没有安排	9	2.97%
本题有效填写人次	303	

(22) 扩招学生用学习成果兑换学分比例

调研显示，职业技能等级证书（"X"证书）兑换是扩招学生最常用的学习成果兑换方式，兑换比例为67.66%。国家职业资格证书兑换比例为55.45%；行业企业认定的专项能力证书兑换比例为38.61%；业绩成果（包括培训证书、业绩奖项、荣誉称号等）兑换比例为38.28%；其他所学课程兑换比例为29.37%；经历与资历兑换比例为15.18%；其他兑换比例为1.65%；不可以兑换兑换比例为18.15%，详情如表7-67所示。

表 7-67 扩招学生用学习成果兑换学分比例

选项	小计	比例
a. 其他所学课程	89	29.37%
b. 职业技能等级证书("X"证书)	205	67.66%
c. 国家职业资格证书	168	55.45%
d. 行业企业认定的专项能力证书	117	38.61%
e. 业绩成果(包括培训证书、业绩奖项、荣誉称号等)	116	38.28%
f. 经历与资历	46	15.18%
g. 其他(请注明)	5	1.65%
h. 不可以兑换	55	18.15%
本题有效填写人次	303	

(23) 扩招学生的课程考核标准要求与普通生源对比情况

调研显示,各职业院校扩招学生的课程考核标准要求与普通生源相当,并没有降低。其中,认为退役军人课程考核标准要求高于普通生源的占 4.29%;略高于普通生源的占 5.28%;相当的占 46.53%;略低于普通生源占 33.66%。认为下岗失业人员课程考核标准要求高于普通生源的占 2.97%;略高于普通生源的占 5.94%;相当的占 44.22%;略低于普通生源的占 35.31%;低于普通生源占 11.55%。认为农民工课程考核标准要求高于普通生源的占 2.64%;略高于普通生源的占 4.62%;相当的占 44.55%;略低于普通生源的占 35.97%;低于普通生源的占 12.21%。认为企事业在职员工课程考核标准要求高于普通生源的占 4.29%;略高于普通生源的占 6.93%;相当的占 47.52%;略低于普通生源的占 31.35%;低于普通生源的占 9.9%。认为基层农技人员课程考核标准要求高于普通生源的占 3.3%;略高于普通生源的占 7.26%;相当的占 48.18%;略低于普通生源的占 31.35%;低于普通生源的占 9.9%。认为乡村干部(含村两委干部)课程考核标准要求高于普通生源的占 3.63%;略高于普通生源的占 7.59%;相当的占 48.51%;略低于普通生源的占 30.36%;低于普通生源的占 9.9%。详情如表 7-68 所示。

表 7-68 扩招学生的课程考核标准要求与普通生源对比情况

选项	高于普通生源	略高于普通生源	相当	略低于普通生源	低于普通生源
a. 退役军人	13(4.29%)	16(5.28%)	141(46.53%)	102(33.66%)	31(10.23%)
b. 下岗失业人员	9(2.97%)	18(5.94%)	134(44.22%)	107(35.31%)	35(11.55%)
c. 农民工	8(2.64%)	14(4.62%)	135(44.55%)	109(35.97%)	37(12.21%)
d. 企事业在职员工	13(4.29%)	21(6.93%)	144(47.52%)	95(3135%)	30(9.9%)
e. 基层农技人员	10(3.3%)	22(7.26%)	146(48.18%)	95(31.35%)	30(9.9%)
f. 乡村干部(含村两委干部)	11(3.63%)	23(7.59%)	147(48.51%)	92(30.36%)	30(9.9%)

(24) 扩招学生的初次考试通过率与普通生源对比情况

调研显示,扩招学生的初次考试通过率与普通生源相比相当。其中,认为退役军人高于普通生源的占 2.97%;略高于普通生源的占 8.25%;相当的占 36.96%;略低于普通生源的占 36.96%;低于普通生源的占 14.85%。认为下岗失业人员高于普通生源的占 2.31%;略高于普通生源的占 5.94%;相当的占 36.3%;略低于普通生源的占 38.94%;低于普通生源的占 16.5%。认为农民工高于普通生源的占 2.31%;略高于普通生源的占 5.61%;相当的占 33.66%;略低于普通生源的占 39.93%;低于普通生源的占 18.48%。认为企事业在职员工高于普通生源的占 3.96%;略高于普通生源的占 8.58%;相当的占 39.93%;略低于普通生源的占 34.65%;低于普通生源的占 12.87%。认为基层农技人员高于普通生源的占 2.97%;略高于普通生源的占 10.56%;相当的占 39.27%;略低于普通生源的占 33.99%;低于普通生源的占 13.2%。认为乡村干部(含村两委干部)高于普通生源的占 3.63%;略高于普通生源的占 9.24%;相当的占 40.59%;略低于普通生源的占 33.66%;低于普通生源的占 12.87%,详情如表 7-69 所示。

表 7-69 扩招学生的初次考试通过率与普通生源对比情况

选项	高于普通生源	略高于普通生源	相当	略低于普通生源	低于普通生源
a. 退役军人	9(2.97%)	25(8.25%)	112(6.96%)	112(36.96%)	45(14.85%)
b. 下岗失业人员	7(2.31%)	18(5.94%)	110(36.3%)	118(38.94%)	50(16.5%)
c. 农民工	7(231%)	17(5.61%)	102(33.66%)	121(39.93%)	56(18.48%)
d. 企事业在职员工	12(3.96%)	26(8.58%)	121(9.93%)	105(34.65%)	39(12.87%)
e. 基层农技人员	9(2.97%)	32(10.56%)	119639.27%)	103(33.99%)	40(13.2%)
f. 乡村干部(含村两委干部)	11(3.63%)	28(9.24%)	123(40.59%)	102(33.66%)	39(12.87%)

(25) 扩招学生在 3~6 年内达到毕业的情况

调研显示,大部分扩招学生在 3~6 年内能顺利毕业。认为退役军人都能毕业的占 23.1%;大部分能的占 54.46%;约半数能的占 13.86%;仅少部分能的占 7.59%;都不能的占 0.99%。认为下岗失方面业人员都能的占 19.14%;大部分能的占 52.15%;约半数能的占 18.48%;仅少部分能的占 8.91%;都不能的占 1.32%。认为农民工都能的占 18.48%;大部分能的占 50.5%;约半数能的占 20.13%;仅少部分能的占 9.57%;都不能的占 1.32%。认为企事业在职员工都能的占 23.1%;大部分能的占 53.8%;约半数能的占 15.84%;仅少部分能的占 5.94%;都不能的占 1.32%。认为基层农技人员都能的占 22.77%;大部分能的占 51.82%;约半数能的占 18.15%;仅少部分能的占 5.94%;都不能的占 1.32%。认为乡村干部(含村两委干部)都能的占 23.43%;大部分能的占 52.15%;约半数能的占 16.5%;仅少部分能的占 6.6%;都不能的占 1.32%,详情如表 7-70 所示。

表 7-70 扩招学生在 3~6 年内达到毕业的情况

选项	都能	大部分能	约半数能	仅少部分能	都不能
a. 退役军人	70(23.1%)	165(54.46%)	42(13.86%)	23(7.59%)	3(0.99%)
b. 下岗失业人员	58(19.14%)	158(52.15%)	56(18.48%)	27(8.91%)	4(1.32%)

续表

选项	都能	大部分能	约半数能	仅少部分能	都不能
c. 农民工	56(18.48%)	153(50.5%)	61(20.13%)	29(9.57%)	4(1.32%)
d. 企事业在职员工	70(23.1%)	163(53.8%)	48(15.84%)	18(5.94%)	4(1.32%)
e. 基层农技人员	69(22.77%)	157(51.82%)	55(18.15%)	18(5.94%)	4(132%)
f. 乡村干部(含村两委干部)	71(23.43%)	158(52.15%)	50(16.5%)	20(6.6%)	4(132%)

（26）从事教学设计活动的频率情况

调研显示,经常会组织教学设计活动的院校占多数。具体来看,总是会在教学设计时针对扩招学生开展学情分析的占 21.45%；经常会的占 53.14%；有时会的占 21.45%；极少会的占 2.31%；从未的占 1.65%。总是会根据扩招学生的特点制定教学目标的占 22.44%；经常会的占 54.46%；有时会的占 19.47%；极少会的占 1.98%；从未的占 1.65%。总是会根据扩招学生的特点制定教学计划的占 24.42%；经常会的占 52.81%；有时会的占 18.81%；极少会的占 1.98%；从未的占 1.98%。总是会根据扩招学生的特点设计教学过程和项目任务的占 22.77%；经常会的占 55.45%；有时会的占 17.82%；极少会的占 2.31%；从未的占 1.65%。总是会根据扩招学生的特点对教材内容进行重新加工和挖掘的占 23.43%；经常会的占 55.45%；有时会的占 17.82%；极少会的占 1.65%；从未的占 1.65%。总是会根据扩招学生的特点将相关领域产业升级的新技术、新工艺、新规范融入教学设计的占 21.45%；经常会的占 54.13%；有时会的占 20.46%；极少会的占 2.31%；从未的占 1.65%,详情如表 7-71 所示。

表 7-71 从事教学设计活动的频率情况

选项	总是	经常	有时	极少	从未
a. 我会在教学设计时针对扩招学生开展学情分析	65(21.45%)	161(53.14%)	65(21.45%)	7(2.31%)	5(1.65%)
b. 我会根据扩招学生的特点制定教学目标	68(22.44%)	165(54.46%)	59(19.47%)	6(1.98%)	5(1.65%)

续表

选项	总是	经常	有时	极少	从未
c. 我会根据扩招学生的特点制定教学计划	74(24.42%)	160(52.81%)	57(18.81%)	6(1.98%)	6(1.98%)
d. 我会根据扩招学生的特点设计教学过程和项目任务	69(22.77%)	168(55.45%)	54(17.82%)	7(2.31%)	5(1.65%)
e. 我会根据扩招学生的特点对教材内容进行重新加工和挖掘	71(23.43%)	168(55.45%)	54(17.82%)	5(1.65%)	5(1.65%)
f. 我会根据扩招学生的特点,将相关领域产业升级的新技术、新工艺、新规范融入教学设计	65(21.45%)	164(54.13%)	62(20.46%)	7(2.31%)	5(1.65%)

(27) 从事课堂教学活动的频率情况

调研显示,多数院校经常会组织课堂教学活动。总是会将课程思政元素和扩招学生特点结合起来并融入教学的有23.76%;经常会的有52.81%;有时会的有21.12%;极少会的有1.32%;从未的有0.99%。总是会根据扩招学生的学情因材施教的有23.76%;经常会的有52.81%;有时会的有20.46%;极少会的有1.98%;从未的有0.99%。总是会根据扩招学生的特点采用多样化的教学组织形式保证学生学习效果的有23.76%;经常会的有51.82%;有时会的有21.12%;极少会的有2.31%;从未的有0.99%。总是会根据扩招学生的特点在课堂上引导学生进行小组合作学习的有20.46%;经常会的有51.16%;有时会的有24.42%;极少会的有2.64%;从未的有1.32%。总是会将新知识、新技能和扩招学生的实践经历结合起来的有22.44%;经常会的有52.48%;有时会的有21.78%;极少会的有2.31%;从未的有0.99%。总是会根据扩招学生的特点让他们利用信息技术完成作业或任务的有24.09%;经常会的有50.5%;有时会的有21.78%;极少会的有2.64%;从未的有0.99%,详情如表7-72所示。

表 7-72 从事课堂教学活动的频率情况

选项	总是	经常	有时	极少	从未
a. 我会将课程思政元素和扩招学生特点结合起来并融入教学	72(23.76%)	160(52.81%)	64(21.12%)	4(132%)	3(0.99%)
b. 我会根据扩招学生的学情因材施教	72(23.76%)	160(52.81%)	62(20.46%)	6(1.98%)	3(0.99%)
c. 我会根据扩招学生的特点,采用多样化的教学组织形式保证学生学习效果	72(23.76%)	157(51.82%)	64(21.12%)	7(2.31%)	3(0.99%)
d. 我会根据扩招学生的特点,在课堂上引导学生进行小组合作学习	62(20.46%)	155(51.16%)	74(24.42%)	8(2.64%)	4(1.32%)
e. 我会将新知识、新技能和扩招学生的实践经历结合起来	68(22.44%)	159(52.48%)	66(21.78%)	7(2.31%)	3(0.99%)
f. 我会根据扩招学生的特点,让他们利用信息技术完成作业或任务	73(24.09%)	153(50.5%)	66(21.78%)	8(2.64%)	3(0.99%)

(28) 从事教学评价活动的频率情况

调研显示,经常会组织教学评价活动的院校占多数。总是会根据扩招学生特点、为他们设定不同的评价目标的19.14%,经常会的55.78%,有时会的21.45%,极少会的2.31%,从未的1.32%。总是会根据扩招学生特点、为他们采取不同的评价方法的19.47%,经常会的54.79%,有时会的21.78%,极少会的2.64%,从未的1.32%;总是会根据扩招学生的特点,为他们制定不同的评价内容的18.81%,经常会的55.78%,有时会的21.45%,极少会的2.64%,从未1.32%,如表7-73所示。

表7-73 从事教学评价活动的频率情况

选项	总是	经常	有时	极少	从未
a. 我会根据扩招学生特点，为他们设定不同的评价目标	58(19.14%)	169(55.78%)	65(21.45%)	7(2.31%)	4(1.32%)
b. 我会根据扩招学生特点，为他们采取不同的评价方法	59(19.47%)	166(54.79%)	66(21.78%)	8(2.64%)	4(1.32%)
c. 我会根据扩招学生的特点，为他们制定不同的评价内容	57(18.81%)	169(55.78%)	65(21.45%)	8(2.64%)	4(132%)

（29）从事教学管理活动的频率情况

调研显示，多数院校会经常开展教学管理活动。总是会为扩招学生开展思想教育引导的院校占18.48%；经常会的占50.83%；有时会的占24.42%；极少会的占3.96%；从未的占2.31%。总是会为扩招学生提供心理疏导的占15.18%；经常会的占47.85%；有时会的占29.37%；极少会的占5.61%；从未的占1.98%。总是会为扩招学生提供职业生涯规划或就业创业指导的占15.84%；经常会的占48.51%；有时会的占28.38%；极少会的占5.28%；从未的占1.98%。总是会为扩招学生开展日常行为规范教育引导的占16.17%；经常会的占51.49%；有时会的占27.06%；极少会的占3.3%；从未的占1.98%，详情如表7-74所示。

表7-74 从事教学管理活动的频率情况

选项	总是	经常	有时	极少	从未
a. 为扩招学生开展思想教育引导	56(18.48%)	154(50.83%)	74(24.42%)	12(3.96%)	7(2.31%)
b. 为扩招学生提供心理疏导	46(15.18%)	145(47.85%)	89(2937%)	17(5.61%)	6(1.98%)
c. 为扩招学生提供职业生涯规划或就业创业指导	48(15.84%)	147(48.51%)	86(28.38%)	16(5.28%)	6(1.98%)
d. 为扩招学生开展日常行为规范教育引导	49(16.17%)	156(51.49%)	82(27.06%)	10(3.3%)	6(1.98%)

(30) 学校关于扩招学生的相关制度了解情况

调研结果显示,多数学校对扩招学生的相关制度了解。对日常管理制度十分了解占 17.82%;了解占 50.5%;一般了解占 24.75%;不太了解占 6.27%;完全不了解占 0.66%。对教学质量监控制度十分了解占 18.48%;了解占 51.82%;一般了解占 23.76%;不太了解占 5.28%;完全不了解占 0.66%。对就业工作推进制度十分了解占 14.52%;了解占 50.83%;一般了解占 27.39%;不太了解占 6.6%;完全不了解占 0.66%。对舆情应对工作制度十分了解占 16.17%;了解占 49.5%;一般了解占 27.06%;不太了解占 6.6%;完全不了解占 0.66%,详情如表 7-75 所示。

表 7-75 学校关于扩招学生的相关制度了解情况

选项	十分了解	了解	一般	不太了解	完全不了解
a. 日常管理制度	54(17.82%)	153(50.5%)	75(24.75%)	19(6.27%)	2(0.66%)
b. 教学质量监控制度	56(18.48%)	157(51.82%)	72(23.76%)	16(5.28%)	2(0.66%)
c. 就业工作推进制度	44(14.52%)	154(50.83%)	83(27.39%)	20(6.6%)	2(0.66%)
d. 舆情应对工作制度	49(16.17%)	150(49.5%)	82(27.06%)	20(6.6%)	2(0.66%)

(31) 参加学校就扩招学生教育教学管理工作组织的相关培训情况

调研显示,多数学校重视扩招学生教育教学管理工作的培训工作,多数学校组织过相关培训,占 55.78%;未参加过的占 44.22%,如表 7-76 所示。

表 7-76 参加学校就扩招学生教育教学管理工作组织的相关培训情况

选项	小计	比例
a. 是	169	55.78%
b. 否	134	44.22%
本题有效填写人次	303	

(32) 针对扩招教学的专门培训内容主要侧重比例

调研显示,各职业院校针对扩招教学的专门培训内容丰富。其中,侧重教育观念的转变的占 72.61%;专业领域知识的占 64.69%;专业领域实践技能的占 63.7%;扩招学生的学情分析的占 65.02%;个性化教学的占

53.14%；使用信息技术教学的占49.5%；学生心理、行为和课堂管理的占43.23%；多元化的学生评价方法的占47.19%；学生职业生涯咨询和就业指导的占29.7%；其他的占2.31%，详情如表7-77所示。

表7-77 针对扩招教学的专门培训内容主要侧重比例

选项	小计	比例
a. 教育观念的转变	220	72.61%
b. 专业领域知识	196	64.69%
c. 专业领域实践技能	193	63.7%
d. 扩招学生的学情分析	197	65.02%
e. 个性化教学	161	53.14%
f. 使用信息技术教学	150	49.5%
g. 学生心理、行为和课堂管理	131	43.23%
h. 多元化的学生评价方法	143	47.19%
i. 学生职业生涯咨询和就业指导	90	29.7%
j. 其他（请注明）	7	2.31%
本题有效填写人次	303	

（33）培训对扩招学生教学工作帮助情况

调研显示，培训对扩招学生教学工作的作用得到多数院校的认可。其中，认为很有帮助的占36.63%；认为比较有帮助的占38.28%；认为一般的占21.12%；认为较小帮助的占1.98%；认为没有帮助的占1.98%，详情如表7-78所示。

表7-78 培训对扩招学生教学工作帮助情况

选项	小计	比例
a. 很有帮助	111	36.63%
b. 比较有帮助	116	38.28%
c. 一般	64	21.12%
d. 较小帮助	6	1.98%
e. 没有帮助	6	1.98%
本题有效填写人次	303	

（34）承担扩招学生教学工作后的变化——薪酬

调研显示，承担扩招学生教学工作后，多数教师认为工作量有所增加。认为工作量增加了，薪酬没增加的占45.87%；认为工作量和薪酬都增加了的占46.53%；认为工作量没增加，薪酬增加了的占0.99%；认为工作量和薪酬都没增加的占6.6%，详情如表7-79所示。

表7-79 承担扩招学生教学工作后的变化

选项	小计	比例
a. 工作量增加了，薪酬没增加	139	45.87%
b. 工作量和薪酬都增加了	141	46.53%
c. 工作量没增加，薪酬增加了	3	0.99%
d. 工作量和薪酬都没增加	20	6.6%
本题有效填写人次	303	

（35）承担扩招学生教学工作后的变化——教学水平

调研显示，承担扩招学生教学工作后，多数教师认为自己的教育教学水平较之以前有进步，占参与调研教师的62.38%；认为进步很大的占17.16%；认为没进没退的占18.81%；认为有所退步的占1.32%；认为退步很大的占0.33%，详情如表7-80所示。

表7-80 承担扩招学生教学工作后，教育教学水平变化

选项	小计	比例
a. 进步很大	52	17.16%
b. 有所进步	189	62.38%
c. 没进没退	57	18.81%
d. 有所退步	4	1.32%
e. 退步很大	1	0.33%
本题有效填写人次	303	

（36）承担扩招学生教学工作后的变化——管理水平

调研显示，承担扩招学生教学工作后，多数教师认为自己的班级/学生管理水平和扩招前相比有进步，占参与调研教师的59.08%；认为进步很大的占18.15%；认为没进没退的占19.14%；认为有所退步的占3.63%。如表7-81所示。

表 7-81 承担扩招学生教学工作后,自己的班级/学生管理水平变化

选项	小计	比例
a. 进步很大	55	18.15%
b. 有所进步	179	59.08%
c. 没进没退	58	19.14%
d. 有所退步	11	3.63%
e. 退步很大	0	0%
本题有效填写人次	303	

(37) 为更好地应对扩招学生教育教学管理工作,自己需要提升的方面

调研显示,为更好地应对扩招学生教育教学管理工作,多数教师能适应形势需要,自觉提升自身能力,其中学生学情分析能力、教育理念、专业领域知识水平是多数教师认为亟须提升的方面,占比分别为 64.03%、62.71%、60.4%。除此外,认为需提升专业领域技能水平的占 56.44%;认为需提升个性化教学能力的占 59.41%;认为需提升信息化教学能力的占 45.21%;认为需提升学生管理能力的占 45.87%;认为需提升学生评价技术的占 34.32%;认为需提升学生职业生涯和就业指导能力占 32.67%;认为其他方面的占 0.33%;认为不需要提升的占 0.66%,详情如表 7-82 所示。

表 7-82 教师需要提升的方面

选项	小计	比例
a. 教育理念	190	62.71%
b. 专业领域知识水平	183	60.4%
c. 专业领域技能水平	171	56.44%
d. 学生学情分析能力	194	64.03%
e. 个性化教学能力	180	59.41%
f. 信息化教学能力	137	45.21%
g. 学生管理能力	139	45.87%
h. 学生评价技术	104	34.32%
i. 学生职业生涯和就业指导能力	99	32.67%
j. 其他(请注明)	1	0.33%
k. 不需要	2	0.66%
本题有效填写人次	303	

(38)承担扩招学生教学工作后的感受

调研显示,承担扩招学生教学工作对教师影响有限。其中,认为很有负担的占 13.2%;认为比较有负担的占 36.96%;认为中等负担的占 28.05%;认为较小负担的占 14.52%;认为没有负担的占 7.26%,详情如表 7-83 所示。

表 7-83 承担扩招学生教学工作后的感受

选项	小计	比例
a. 很有负担	40	13.2%
b. 比较有负担	112	36.96%
c. 中等负担	85	28.05%
d. 较小负担	44	14.52%
e. 没有负担	22	7.26%
本题有效填写人次	303	

(39)继续承担扩招学生教学工作的意愿

调研显示,多数教师有继续承担扩招学生教学工作的意愿。其中,非常愿意的占 16.5%;比较愿意的占 34.98%;一般的占 33%;不太愿意的占 11.55%;非常不愿意的占 3.96%,详情如表 7-84 所示。

表 7-84 继续承担扩招学生教学工作的意愿

选项	小计	比例
a. 非常愿意	50	16.5%
b. 比较愿意	106	34.98%
c. 一般	100	33%
d. 不太愿意	35	11.55%
e. 非常不愿意	12	3.96%
本题有效填写人次	303	

(40)为更好地应对扩招学生教育教学管理工作,学校各方面需要改进的紧迫程度

调研显示,为更好地应对扩招学生教育教学管理工作,师资和制度建设是急需加强的。

在师资方面,认为非常紧迫的占 14.19%;认为比较紧迫的占 37.29%;认为一般的占 36.96%;认为不太紧迫的占 9.24%;认为完全不紧迫的占 2.31%。

在基础设施方面，认为非常紧迫的占 13.86%；认为比较紧迫的占 34.98%；认为一般的占 38.28%；认为不太紧迫的占 10.23%；认为完全不紧迫的占 2.64%。在教学资源方面，认为非常紧迫的占 15.18%；认为比较紧迫的占 30.03%；认为一般的占 41.25%；认为不太紧迫的占 10.89%；认为完全不紧迫的占 2.64%。在实训条件方面，认为非常紧迫的占 14.85%；认为比较紧迫的占 31.68%；认为一般的占 40.59%；认为不太紧迫的占 9.9%；认为完全不紧迫的占 2.97%。在制度建设方面，认为非常紧迫的占 19.8%；认为比较紧迫的占 34.65%；认为一般的占 37.29%；认为不太紧迫的占 7.26%；认为完全不紧迫的占 0.99%，详情如表 7-85 所示。

表 7-85　学校各方面需要改进的紧迫程度

选项	非常紧迫	比较紧迫	一般	不太紧迫	完全不紧迫
a. 师资条件	43(14.19%)	113(37.29%)	112(36.96%)	28(9.24%)	7(2.31%)
b. 基础设施	42(13.86%)	106(34.98%)	116(38.28%)	31(10.23%)	8(2.64%)
c. 教学资源	46(15.18%)	91(30.03%)	125(41.25%)	33(10.89%)	8(2.64%)
d. 实训条件	45(14.85%)	96(31.68%)	123(40.59%)	30(9.9%)	9(2.97%)
e. 制度建设	60(19.8%)	105(34.65%)	113(37.29%)	22(7.26%)	3(0.99%)

（41）继续扩招的态度

调研显示，多数参与调研的院校支持继续扩招。其中，认为非常赞成的占 19.47%；认为比较赞成的占 33.66%；认为一般的占 34.65%；认为比较反对的占 8.91%；认为非常反对的占 3.3%，详情如表 7-86 所示。

表 7-86　继续扩招的态度

选项	小计	比例
a. 非常赞成	59	19.47%
b. 比较赞成	102	33.66%
c. 一般	105	34.65%
d. 比较反对	27	8.91%
e. 非常反对	10	3.3%
本题有效填写人次	303	

2. 调研结论及对策建议

（1）调研结论

① 扩招背景下的高职学生生源结构更加多元：扩招后高职学生生源结构趋于多样化，形成了以普高毕业生、中职毕业生等为代表的传统学生，以退役军人、下岗失业人员、农民工等为代表的扩招学生。两种类别的学生年龄差距大，社会经历不同，思维模式也有差异。

② 扩招背景下教师对高职学生的了解仍需加强：教师对所教扩招学生的基本情况不甚熟悉，在对扩招学生的教育理念中，大多数教师认为要按需施教。

③ 扩招背景下的高职学生教育背景参差不齐：扩招学生知识基础略低于普通生源平均水平，在综合素质方面扩招学生与普通生源也有差距。但扩招学生在社会经验、人际关系处理等方面优势明显。

④ 扩招学情对课程资源提出新要求：扩招生源的增加、培养规模的扩大，使高职院校在人才培养目标定位、教学单位编排、课程内容安排、教学组织形式、教学方法选用、教学质量评价等方面均面临着新的挑战，单纯的知识灌输和技能强化已不能满足当前的学情需求。

⑤ 单一单向的教学管理模式已不适应新形势的需求：随着扩招学生进入校园，扩招学生的上课时间与方式、住宿情况和传统生源不同，使得教学管理难度加大，单一单向的管理模式已不再适应新形势的需求。高职院校要想做好扩招学生管理工作必须在扩招学生的学籍管理、学生管理及教学管理制度上与普通生源有所区分。

⑥ 扩招学情对现有师资提出新要求：高职院校教师面临要随形而动、主动提升专业技能以适应扩招学情的需要。

⑦ 扩招学情对高职院校基础设施提出挑战：扩招学生入校学习，导致部分院校教室、学生宿舍等基础设施面临压力，对高职院校的后勤服务保障工作提出了挑战。

（2）建议对策

① 优化扩招学生管理队伍：优化扩招学生的管理队伍，应选调社会阅历丰富、年纪较长、思想成熟的学生管理人员。尤其是经历丰富的应用型人才或优秀退役军人，可优先考虑编入扩招学生管理队伍当中。除此之外，还需要加强对目前学生管理队伍的培训，特别是针对扩招学生特殊情况进行教育管理的专业技能培训。

② 完善扩招学生管理制度：部分扩招学生本身有家庭和本职工作，要针对扩招学生家庭情况与实际学情来制定相应的学生管理制度。扩招学生日常管理工作应充分考虑类型教育，应充分考虑学生们的学习经历、工作环境、生源类型、认知能力、社会地位等差异带来的管理挑战，根据生源结构不同，健全管理制度，在现有日常管理制度的基础上完善更新，由点及面地构造全方位管理体系，层层落实责任传导压力，详细灵活掌握学生的学习及思想状况，全面提升管理质量及效果。

③ 实施分类教育教学管理：优化人才培养方案、完善课程结构，做到因材施教，实施分类教学管理，提升学生的学习方法能力，促进学生核心能力深化和综合素质提升；针对扩招学生专业基础薄弱的现状，开设专业入门讲座，引导学生通过网络课程学习提升专业基础；扩大实践课程比例，引导学生通过参与专业紧密相关实践，切实做到理论联系实际，不断构建起所学专业知识体系。

④ 积极推动"三教"改革：加强高职院校教师队伍建设，通过资源整合挖潜一批、专项培训培育一批、校企合作解决一批、"银龄讲学"补充一批、社会力量兼职一批，加快补充急需的专业教师。开发适用于不同生源类型的新型活页式、工作手册式等教材，适应"互联网＋职业教育"发展需求，建好用好职业教育专业教学资源库，促进优质资源共建共享。创新技术技能人才培养培训模式，针对不同生源分类施教、因材施教，普及推广项目教学、案例教学、情景教学、工作过程导向教学，广泛应用线上线下混合教学，促进扩招学生自主化个性化学习。

⑤ 做好扩招后勤保障工作：加快建设或修缮学校的基础设施，如学生教学实训场馆、公寓、学生活动中心等，以满足学生的生活学习需求。不同身份、不同层面、不同过往、不同年龄的学生状况，传统的日常管理与后勤保障服务已经不能满足多元化生源结构的需求，可以参考中小学的走读制等方式来满足扩招学生的多样化需求，以学生为本，做到管理与服务并举，让学生身心健康快乐成长。

（四）扩招生源情况调研数据分析及结论

1. 高职扩招学生调研数据分析

为全面了解高职扩招学生，细致分析扩招学生学校和专业选择、学习参与情况、人才培养成效及存在困难与问题等各方面情况，课题组组织面向省内高职院校扩招学生进行了调研，共收到3 571人次调研数据，具体情况如下：

(1) 高职院校扩招生源类别

根据对受访扩招学生生源情况的调研数据显示,普通高中毕业生占比最高,占 62.92%;中职毕业生占比 33.32%;其他社会生源占比 3.75%,详情如表 7-87 所示。

表 7-87 高职院校扩招生源类别

选项	小计	比例
a. 中职毕业生	1 190	33.32%
b. 普高毕业生	2 247	62.92%
c. 社会生源	134	3.75%
本题有效填写人次	3 571	

(2) 学生选择高职扩招学习的原因

调研显示,学生选择参加高职扩招学习受产业升级和经济结构调整对技术技能人才越来越紧迫的需求影响明显。除个人兴趣和学历需求外,多数学生选择参加高职扩招学习是基于适应社会需要、就业或转岗需要,40.91% 的扩招学生反馈是基于社会适应需要,29.49% 学生反馈是基于就业或转岗需要。此外,获得职业资格证书、家人和朋友期望等也是学生参加高职扩招的原因,详情如表 7-88 所示。

表 7-88 参加高职扩招学习的原因

选项	小计	比例
a. 个人兴趣	1 732	48.5%
b. 就业或转岗需要	1 053	29.49%
c. 社会适应需要	1 461	40.91%
d. 为了获得文凭	1 509	42.26%
e. 为了获得职业资格证书(或职业技能等级证书等)	1 101	30.83%
f. 家人、朋友的期望	796	22.29%
g. 单位的期望	333	9.33%
h. 能获得物质上的好处(如不收学费或学费减免,获得一定奖励等)	401	11.23%
i. 其他	947	26.52%
本题有效填写人次	3 571	

(3) 学生选择本专业学习的主要原因

在对扩招学生选择专业时的影响因素调研时发现,除个人兴趣占比较高外,相关从业人员提升个人专业素质的需要也明显影响了扩招学生的专业选择。相关数据显示,计划未来从事所学专业相关工作占比 27.7%;另有 5.85% 的学生表示目前正在从事所学专业相关工作,详情如表 7-89 所示。

表 7-89 选择所学习专业的原因

选项	小计	比例
a. 个人兴趣所在	1 523	42.65%
b. 目前正在从事本专业相关工作	209	5.85%
c. 计划未来从事本专业相关工作	989	27.7%
d. 看同事或朋友都报这个专业	127	3.56%
e. 其他	723	20.25%
本题有效填写人次	3 571	

(4) 高职院校扩招学生学习方式

问卷对高职院校学生学习方式进行了调研,数据显示扩招生源主要为非全日制学生为主,占比九成以上,达 91.04%,全日制占 8.96%,详情如表 7-90 所示。

表 7-90 扩招生源学生学习方式

选项	小计	比例
a. 非全日制	3 251	91.04%
b. 全日制	320	8.96%
本题有效填写人次	3 571	

(5) 高职院校扩招学生上课时间安排

调研显示,因扩招生源主要以非全日制为主,因此扩招学生上课时间主要以节假日的白天为主,该时间段占 90.09%;此外工作日晚上占 4.48%;工作日白天占 3.84%;节假日晚上占 1.6%,详情如表 7-91 所示。

表 7-91 扩招生源学生上课时间

选项	小计	比例
a. 工作日的白天	137	3.84%
b. 工作日的晚上	160	4.48%
c. 节假日的白天	3 217	90.09%
d. 节假日的晚上	57	1.6%
本题有效填写人次	3 571	

(6) 高职院校扩招学生上课地点

调研数据显示,扩招学生基本采取校内与校外相结合的方式开展课堂学习,但受学生上课时段影响,主要以校外上课为主,占比为 83.81%。此外,校内校外学习相结合、以校内为主的占 5.54%;另有部分学生全部在校外或全部在校内上课,详情如表 7-92 所示。

表 7-92 扩招生源学生上课地点

选项	小计	比例
a. 全部在校内	96	2.69%
b. 全部在校外	103	2.88%
c. 校内与校外相结合,两者参半	181	5.07%
d. 校内与校外相结合,校内上课为主	198	5.54%
e. 校内与校外相结合,校外上课为主	2 993	83.81%
本题有效填写人次	3 571	

(7) 学生课堂出勤率

高职扩招学生生源类别多样,学情复杂,学习期间总体出勤情况良好,个别学生出勤率较低。出勤率在 80% 以上的占 94.43%;60%~80% 出勤率的占 2.46%;40%~60% 出勤率的占 1.74%;20%~40% 出勤率的占 0.73%;另有 23 人出勤率不足 20%,占 0.64%,详情如表 7-93 所示。

表 7-93　扩招生源学生课堂出勤率

选项	小计	比例
a. 80%以上	3 372	94.43%
b. 60%~80%	88	2.46%
c. 40%~60%	62	1.74%
d. 20%~40%	26	0.73%
e. 20%以下	23	0.64%
本题有效填写人次	3 571	

(8) 高职院校扩招学生在学习时反思和调整自己的学习方式方法情况

大部分扩招学生在开展一定时期的高职学习后,能在教师指导下根据自身学习情况进行反思和调整。调研显示,扩招学生在学习时能够总是在学习时反思和调整自己的学习方式方法的占 40.6%;经常反思和调整的占 27.53%;有时反思和调整的占 27.84%;极少反思和调整的占 2.94%;从未反思和调整的占 1.09%,详情如表 7-94 所示。

表 7-94　扩招生源学生在学习时反思和调整自己的学习方式方法情况

选项	小计	比例
a. 总是	1 450	40.6%
b. 经常	983	27.53%
c. 有时	994	27.84%
d. 极少	105	2.94%
e. 从未	39	1.09%
本题有效填写人次	3 571	

(9) 课程学分置换情况

课题组对省内高职院校学分置换情况进行了调研,数据显示,扩招学生学分置换情况良好,过半高校反馈所有课程都可进行学分置换,占比为 53.07%;大部分课程可以置换的占 28.84%;一半课程可以置换的占 8.15%;小部分课程可以的占 6.64%;所有课程都无法置换学分的占 3.3%,详情如表 7-95 所示。

表 7-95 课程用来学习成果置换学分的比例

选项	小计	比例
a. 所有课程都可以	1 895	53.07%
b. 大部分课程可以	1 030	28.84%
c. 一半课程可以	291	8.15%
d. 小部分课程可以	237	6.64%
e. 所有课程都不可以	118	3.3%
本题有效填写人次	3 571	

(10) 可以置换学分的学习成果类别情况

根据对学分置换情况数据进一步分析发现,扩招学生用于置换学分的成果中,相关所学课程、技能等级证书和职业资格证书占据前三。以其他所学相关课程置换学分的比例最高,达 60.46%;有 42.51% 的学生使用职业技能等级证书置换学分;有 32.01% 的学生使用职业资格证书置换学分。此外,也有一定比例学生使用行业企业认定的专项能力证书、业绩成果等置换学分。无置换学分情况的学生占 8.71%,详情如表 7-96 所示。

表 7-96 学习成果置换学分的比例

选项	小计	比例
a. 相关所学课程	2 159	60.46%
b. 职业技能等级证书("X"证书)	1 518	42.51%
c. 职业资格证书	1 143	32.01%
d. 行业企业认定的专项能力证书	810	22.68%
e. 业绩成果(包括培训证书、业绩奖项、荣誉称号等)	1 056	29.57%
f. 经历与资历	668	18.71%
g. 其他	331	9.27%
h. 不可以兑换	311	8.71%
本题有效填写人次	3 571	

(11) 课程考试通过情况

数据显示,在对扩招学生的课程考核中,总体通过率相对较高,初次考试能通过 80% 以上课程的学生占比 80% 以上;能通过 60%~80% 课程的占比

12.57%;通过40%~60%的占比3.72%;通过20%~40%的占比0.92%;另有个别学生通过率较低,28名被调研学生初次考试通过率不足20%,占0.78%。如表7-97所示。

表7-97 课程考试通过情况

选项	小计	比例
a. 80%以上	2 928	81.99%
b. 60%~80%	449	12.57%
c. 40%~60%	133	3.72%
d. 20%~40%	33	0.92%
e. 20%以下	28	0.78%
本题有效填写人次	3 571	

(12)课程考核难度

总体上看,被调研扩招学生认为专业课程和实习实训课程的考核难度相对高于公共基础课程,专业教师须以参考相关数据适当调整教学内容、专业内容选取、教学组织形式及考核方式,持续完善考核机制。具体来看,认为公共基础课的考核难度非常难的占6.22%;认为比较难的占9.02%;认为难度适中的占58.92%;认为比较容易的占17.03%;认为非常容易的占8.82%。认为专业课程的考核难度非常难的占7.92%;认为比较难的占17.39%;难度适中的占56.01%;认为比较容易的占11.48%;认为非常容易的占7.2%。认为实习实训课的考核难度非常难的占7.59%;认为比较难的占13.86%;认为难度适中的占58.64%;认为比较容易的占12.63%;认为非常容易的占7.28%,详情如表7-98所示。

表7-98 课程的考核难易比例

选项	非常难	比较难	难度适中	比较容易	非常容易
a. 公共基础课	222 (6.22%)	322 (9.02%)	2 104 (58.92%)	608 (17.03%)	315 (8.82%)
b. 专业课程	283 (7.92%)	621 (17.39%)	2 000 (56.01%)	410 (11.48%)	257 (7.2%)
c. 实习实训课	271 (7.59%)	495 (13.86%)	2 094 (58.64%)	451 (12.63%)	260 (7.28%)

(13) 扩招学生学习动力情况

课题组对扩招学生学习动力情况进行了调研。总体上看,扩招学生学习动力较大、学习积极性较高。数据显示认为自己学习动力大的占 32.96%;有很大学习动力的占 31.5%;学习动力一般的占 32.54%;学习动力小的占 1.4%;学习动力很小的占 1.6%,详情如表 7-99 所示。

表 7-99 学习动力大小比例

选项	小计	比例
a. 很大	1 125	31.5%
b. 大	1 177	32.96%
c. 一般	1 162	32.54%
d. 小	50	1.4%
e. 很小	57	1.6%
本题有效填写人次	3 571	

(14) 扩招学生对各类课程的兴趣程度

在对各类课程兴趣程度的调研中显示,总体上看,扩招学生对于专业技能提升的需求较高,对专业课程和实习实训课程的兴趣高于公共基础课程。具体来看,对公共基础课很有兴趣的占 21.28%;有兴趣的占 21.51%;一般的占 29.46%;满意的占 22.99%;没有兴趣的占 1.71%;完全没兴趣的占 3.05%。对专业课程很有兴趣的占 23.47%;有兴趣的占 24.03%;一般的占 25.32%;满意的占 22.85%;没有兴趣的占 1.57%;完全没兴趣的占 2.77%。对实习实训课很有兴趣的占 23.47%;有兴趣的占 22.51%;一般的占 27.25%;满意的占 22.21%;没有兴趣的占 1.6%;完全没兴趣的占 2.97%,详情如表 7-100 所示。

表 7-100 各类课程兴趣的程度比例

选项	很有兴趣	有兴趣	一般	略有兴趣	没有兴趣	完全没兴趣
a. 公共基础课	760 (21.28%)	768 (21.51%)	1 052 (29.46%)	821 (299%)	61 (1.71%)	109 (3.05%)
b. 专业课程	838 (23.47%)	858 (24.03%)	904 (25.32%)	816 (22.85%)	56 (1.57%)	99 (2.77%)
c. 实习实训课	838 (23.47%)	804 (22.51%)	973 (27.25%)	793 (22.21%)	57 (1.6%)	106 (2.97%)

(15) 学习压力情况

高职扩招学生对当前教学安排、教学组织形式等接受程度良好。针对扩招学生学习压力的调研显示,三分之二的学生反馈没有较大学习压力。具体来看,学习压力很大占 13.08%;压力大的占 19.29%;一般的占 59.87%;小的占 4.31%;压力很小的占少数为 3.44%,详情如表 7-101 所示。

表 7-101 扩招生源学生学习压力比例

选项	小计	比例
a. 很大	467	13.08%
b. 大	689	19.29%
c. 一般	2 138	59.87%
d. 小	154	4.31%
e. 很小	123	3.44%
本题有效填写人次	3 571	

(16) 学习压力来源

继续对扩招学生学习压力来源的分析显示,扩招学生学习压力来源主要来自在校学习阶段之后,以毕业后的就业转业为主。具体来看,课程压力方面,认为课程压力很大的占 9.07%;大的占 16.3%;一般的占 57.91%;小的占 9.63%;很小的占 7.08%。就业转业压力方面,很大的占 14.59%;大的占 24.39%;一般的占 46.82%;小的占 7.59%;很小的占 6.61%。同学竞争压力方面,很大的占 9.75%;大的占 18.43%;一般的占 55.56%;小的占 8.88%;很小的占 7.39%。毕业压力方面,很大的占 13.72%;大的占 22.43%;一般的占 48.78%;小的占 8.18%;很小的占 6.89%。家庭压力方面,很大的占 9.13%;大的占 12.74%;一般的占 53.77%;小的占 12.80%;很小的占 11.57%。工学矛盾压力方面,很大的占 10.08%;大的占 14.14%;一般的占 55.05%;小的占 10.95%;很小的占 9.77%,详情如表 7-102 所示。

表 7-102 扩招生源学生学习压力来源对比

选项	很大	大	一般	小	很小
a. 课程压力	324 (9.07%)	582 (16.3%)	2 068 (57.91%)	344 (9.63%)	253 (7.08%)

续表

选项	很大	大	一般	小	很小
b. 就业转业压力	521 (14.59%)	871 (24.39%)	1 672 (46.82%)	271 (7.59%)	236 (6.61%)
c. 同学竞争压力	348 (9.75%)	658 (18.43%)	1 984 (5.56%)	317 (8.88%)	264 (7.39%)
d. 毕业压力	490 (13.72%)	801 (22.43%)	1 742 (48.78%)	292 (8.18%)	246 (6.89%)
e. 家庭压力	326 (9.13%)	455 (12.74%)	1 920 (53.77%)	457 (12.80%)	413 (11.57%)
f. 工学矛盾压力	360 (10.08%)	505 (14.14%)	1 966 (55.05%)	391 (10.95%)	349 (9.77%)

(17) 课程内容理解程度情况

调研数据显示,各高职院校总体上教学安排合理、教师教学方式方法得当,人才培养方案制定合理,教学组织、内容选取恰当。大多数高职院校扩招学生在学习的课程中能够基本听懂所学内容。认为全部课程内容能听懂的占 20.41%,大部分内容能听懂的占 54.47%,详情如表 7-103 所示。

表 7-103 课程内容理解程度情况

选项	小计	比例
a. 全部	729	20.41%
b. 大部分	1 945	54.47%
c. 一半	712	19.94%
d. 小部分	141	3.95%
e. 都听不懂	44	1.23%
本题有效填写人次	3 571	

(18) 学习安排和要求接受情况

总体上看,扩招学生对目前的学习安排和要求接受程度较高,学校教学管理情况良好。仅有约 20% 的学生反馈感觉非常吃力或比较吃力,详情如表 7-104 所示。

表 7-104　扩招生源学生学习安排和要求情况

选项	小计	比例
a. 非常吃力	281	7.87%
b. 吃力	461	12.91%
c. 一般	2 328	65.19%
d. 不吃力	357	10%
e. 完全不吃力	144	4.03%
本题有效填写人次	3 571	

(19) 学业遇到问题时的解决途径

课题组认为,教师应主动关注扩招学生学习情况,主动帮助学生解决学业中遇到的困难和问题。调研数据显示,扩招学生在学业上遇到不懂的问题时,主要是向同学和任课教师请教。其中 78.69% 的学生经常向同学请教,占比最多;请教任课老师的占 66.34%。此外,请教朋友、班主任和家人也是扩招学生解决学习问题的重要途径,详情如表 7-105 所示。

表 7-105　扩招生源学生遇到问题请教不同人的比例

选项	小计	比例
a. 同学	2 810	78.69%
b. 任课老师	2 369	66.34%
c. 班主任/辅导员	1 296	36.29%
d. 家人	479	13.41%
e. 专业领域的专家	608	17.03%
f. 朋友	1 346	37.69%
g. 自己解决	931	26.07%
h. 听之任之	190	5.32%
i. 其他	233	6.52%
本题有效填写人次	3 571	

(20) 学习中遇到的困难

教师应持续关注学生学情,积极听取扩招学生对教学内容、教学方式的评价和反馈。数据显示,扩招学生在学习中遇到的困难最多的是学习内容不适应,占 46.63%;此外,部分学生认为学习资源获得不便捷、老师教学方法不适应也是遇到的主要困难,分别占比 24.45% 和 22.85%,详情如表 7-106 所示。

表 7-106　困难类别对比

选项	小计	比例
a. 学习内容不适应	1 665	46.63%
b. 老师教学方法不适应	816	22.85%
c. 老师教学组织形式不适应	683	19.13%
d. 学习资源获得不便捷	873	24.45%
e. 考试要求太高	563	15.77%
f. 工学矛盾	423	11.85%
g. 家庭负担重	318	8.91%
h. 其他	315	8.82%
i. 没有	943	26.41%
本题有效填写人次	3 571	

(21) 遇到困难时继续参加学习的意愿

总体上看,扩招学生学习韧性较好,在学习面临困难时仍然能够保持较为良好的学习动力,扩招学生在遇到困难时选择继续学习的意愿较为强烈,超过 97% 的学生认为困难并不会干扰自己的正常学习意愿,详情如表 7-107 所示。

表 7-107　遇到困难继续参加学习情况对比

选项	小计	比例
a. 非常同意	1 306	36.57%
b. 同意	1 524	42.68%
c. 一般	654	18.31%
d. 不同意	52	1.46%
e. 非常不同意	35	0.98%
本题有效填写人次	3 571	

(22) 学校学习氛围

课题组对扩招学生所在学校学习氛围进行了调研,总体上看参与高职扩招的院校学习氛围较好,具有良好的教风、学风。认为"学校学习氛围很浓厚,同学之间经常进行学习交流"的占 76.31%;认为学校学习氛围一般的占 19.66%;此外还有个别扩招学生对学校学习氛围并不满意,详情如表 7-108 所示。

表 7-108 学校学习氛围情况对比

选项	小计	比例
a. 非常同意	1 519	42.54%
b. 同意	1 206	33.77%
c. 一般	702	19.66%
d. 不同意	94	2.63%
e. 非常不同意	50	1.4%
本题有效填写人次	3 571	

(23) 分享学习经历和体会的意愿情况

根据对扩招学生分享学习经历和体会意愿情况的调研显示,总体上看高职扩招学生愿意与他人对学习情况进行交流。76.93%的学生愿意和别人分享经历和体会,不愿意分享的占比为 3.31%,详情如表 7-109 所示。

表 7-109 分享学习经历和体会情况对比

选项	小计	比例
a. 非常愿意	1 495	41.87%
b. 愿意	1 252	35.06%
c. 一般	706	19.77%
d. 不愿意	77	2.16%
e. 非常不愿意	41	1.15%
本题有效填写人次	3 571	

(24) 各类能力提高情况

数据显示,高职院校育人成效良好,扩招学生就学期间学习目标达成度较高,入学以来高职扩招学生学习期间在知识水平、技能水平、信息技术应用、人际交流等方面均有不同程度提升。具体提升情况如下:

在知识水平方面得到极大提高的占比 19.6%;较大提高的占 28.17%;一

般的占 41.47%；有点提高的占 9.13%；没有提高的占 1.62%。

在操作技能方面得到极大提高的占比 19.57%；较大提高的占 30.44%；一般的占 39.57%；有点提高的占 8.91%；没有提高的占 1.51%。

在学习迁移能力方面得到极大提高的占比 18.82%；较大提高的占 27.81%；一般的占 43.32%；有点提高的占 8.43%；没有提高的占 1.62%。

在信息技术运用能力方面得到极大提高的占比 19.13%；较大提高的占 29.24%；一般的占 41.28%；有点提高的占 8.85%；没有提高的占 1.51%。

在人际沟通能力方面得到极大提高的占比 20.05%；大提高的占 28.7%；一般的占 40.6%；有点提高的占 8.54%；没有提高的占 2.1%。

在团队合作能力方面得到极大提高的占比 19.52%；较大提高的占 29.35%；一般的占 40.74%；有点提高的占 8.49%；没有提高的占 1.9%。

在自我发展规划能力方面得到极大提高的占比 20.3%；较大提高的占 28.51%；一般的占 41.47%；有点提高的占 8.01%；没有提高的占 1.71%。详情如表 7-110 所示。

表 7-110　各类能力提高情况

选项	极大提高	较大提高	一般	有点提高	没有提高
a. 知识水平	700 (19.6%)	1 006 (28.17%)	1 481 (41.47%)	326 (9.13%)	58 (1.62%)
b. 操作技能	699 (19.57%)	1 087 (30.44%)	1 413 (39.57%)	318 (8.91%)	54 (1.51%)
c. 学习迁移能力	672 (18.82%)	993 (27.81%)	1 547 (43.32%)	301 (8.43%)	58 (1.62%)
d. 信息技术运用能力	683 (19.13%)	1 044 (29.24%)	1 474 (41.28%)	316 (8.85%)	54 (1.51%)
e. 人际沟通能力	716 (20.05%)	1 025 (28.7%)	1 450 (40.6%)	305 (8.54%)	75 (2.1%)
f. 团队合作能力	697 (19.52%)	1 048 (29.35%)	1 455 (40.74%)	303 (8.49%)	68 (1.9%)
g. 自我发展规划能力	725 (20.3%)	1 018 (28.51%)	1 481 (41.47%)	286 (8.01%)	61 (1.71%)

(25) 预期毕业年限情况

课题组对高职扩招学生预期完成学业年限情况进行了调研，绝大多数学生能够在常规修业年限内完成所有学习任务顺利毕业。认为能 3 年时间完成学习任务并顺利毕业的占比最高，为 86.47%；认为需要用 4 年时间完成学习任务并顺利毕业占 7.34%；用 5 年时间完成学习任务的占 4.79%；还有 1.4% 的学生反馈需要用 6 年时间完成学习任务。详情如表 7-111 所示。

表 7-111　3~6 年内达到毕业的情况

选项	小计	比例
a. 3 年	3 088	86.47%
b. 4 年	262	7.34%
c. 5 年	171	4.79%
d. 6 年	50	1.4%
本题有效填写人次	3 571	

（26）在学习时所关注的方面

调研显示，扩招学生在学习时对理论知识、实践技能、证书取得等有不同程度的关注，尤以技能提升需求最大，同时对理论知识学习保持较高关注。从具体数据来看，勾选对理论知识的学习的占 72.44%；关注实践技能的掌握的占 73.56%；关注综合素质的提升的占 68.19%；关注学历证书的获得的占 53.37%；关注职业资格证书或职业技能等级证书的获得的占 44.61%。详情如表 7-112 所示。

表 7-112　在学习时关注情况的对比

选项	小计	比例
a. 理论知识的学习	2 587	72.44%
b. 实践技能的掌握	2 627	73.56%
c. 综合素质的提升	2 435	68.19%
d. 学历证书的获得	1 906	53.37%
e. 职业资格证书或职业技能等级证书的获得	1 593	44.61%
f. 不太清楚	177	4.96%
g. 其他	174	4.87%
本题有效填写人次	3 571	

(27) 考核和评价方式

在对扩招学生期望的考核和评价方式的调研中发现,多数学生希望能以更为宽松的考核方式完成课程考核和评价,即在完成相应学时和日常作业后,不再另行考试,选择该选项的学生占 68.97%;勾选开卷考试进行考核和评价的学生占 40.58%;32.43% 的学生选择了根据专业需求,采取实践技能考核的考核评价方式;此外,部分学生勾选了闭卷考试、以成果代替考核等选项。详情如表 7-113 所示。

表 7-113 考核和评价方式比例

选项	小计	比例
a. 修完相应学时,完成日常作业,不另行考试	2 463	68.97%
b. 修完相应学时,闭卷考试	807	22.6%
c. 修完相应学时,开卷考试	1 449	40.58%
d. 根据专业需求,实践技能考核	1 158	32.43%
e. 可用与专业相关的科研成果、发明创造代替考试	566	15.85%
f. 其他	177	4.96%
本题有效填写人次	3 571	

(28) 通过深造希望实现的目标

数据显示,除获得文凭外,提高自身综合素养和技术技能水平,提升相关行业岗位适应力是学生参与扩招进行深造的最主要目标。65.64% 的学生将能够提高素养作为目标之一;63.51% 的学生勾选了能够提升技能、胜任工作选项;此外还有一定比例学生将增加收入、扩充人脉、为专升本做准备等作为参与扩招深造的目标。详情如表 7-114 所示。

表 7-114 通过深造实现目标比例

选项	小计	比例
a. 取得大学文凭	2 752	77.07%
b. 增加收入	2 088	58.47%
c. 提高素养	2 344	65.64%

续表

选项	小计	比例
d. 提升技能,胜任工作	2 268	63.51%
e. 为跳槽到更好的工作岗位做准备	813	22.77%
f. 扩充人脉	1 446	40.49%
g. 为专升本做准备	1 376	38.53%
h. 其他	159	4.45%
本题有效填写人次	3 571	

(29) 对教学安排的满意度

课题组从线下和线上两个角度面向高职扩招学生对学校教学安排满意程度进行了调研。数据反馈,高职院校教学安排合理,学生对教学安排满意度较高。线下教学安排方面,认为非常满意的占 24.53%;认为满意的占 32.76%;认为一般满意的占 38.53%;认为不满意的占 2.3%;认为非常不满意的占 1.88%。线上教学安排方面,认为非常满意的占 25.82%;认为满意的占 32.9%;认为一般的占 36.88%;认为不满意的占 2.52%;认为非常不满意的占 1.88%。详情如表 7-115 所示。

表 7-115 教学安排满意程度比例

选项	非常满意	满意	一般	不满意	非常不满意
a. 线下教学安排	876 (24.53%)	1 170 (32.76%)	1 376 (38.53%)	82 (2.3%)	67 (1.88%)
b. 线上教学安排	922 (25.82%)	1 175 (32.9%)	1 317 (36.88%)	90 (2.52%)	67 (1.88%)

(30) 对教师教学的满意度

通过对高职院校扩招学生对学校教师教学的满意程度调研发现,扩招学生觉得授课教师授课方式方法得当,授课效果良好、学生接受程度高。数据显示,学生对教师满意或非常满意的占比达 79.64%,不满意或非常不满意的仅占 2.55%。详情如表 7-116 所示。

表 7-116　教师教学满意程度比例

选项	小计	比例
a. 非常满意	1 528	42.79%
b. 满意	1 316	36.85%
c. 一般	636	17.81%
d. 不满意	56	1.57%
e. 非常不满意	35	0.98%
本题有效填写人次	3 571	

(31) 建议教师教学改进的方面

从教师角度来看,扩招学生对更新的教学理念、更高的专业知识水平以及更好地了解学生有着较高的期望和需求。参与调研的高职扩招学生认为,任课教师需要在教育理念方面进行改进的占 36.71%;需要在了解学生的能力方面进行改进的占 36.24%;需要在个性化教学能力方面进行改进的占 31.03%;需要在专业领域知识水平方面进行改进的占 29.24%。详情如表 7-117 所示。

表 7-117　老师教学改进方面比例

选项	小计	比例
a. 教育理念	1 311	36.71%
b. 专业领域知识水平	1 044	29.24%
c. 专业领域技能水平	1 014	28.4%
d. 了解学生的能力	1 294	36.24%
e. 个性化教学能力	1 108	31.03%
f. 信息化教学能力	720	20.16%
g. 学生管理能力	733	20.53%
h. 学生评价技术	604	16.91%
i. 学生职业生涯和就业指导能力	661	18.51%
j. 其他	161	4.51%
k. 没有	1 030	28.84%
本题有效填写人次	3 571	

(32) 建议学校改进的方面

从学校角度来看,学生对于学校因材施教情况、更好的教学条件等具有较高的期望和要求。数据显示,扩招学生认为学校需要在开展学情分析按需施教方面进行改进的占 42.37%;需要更新教学硬件、教学设备的占 40.58%;需要优化上课时间、上课地点的占 37.3%;此外还有部分学生认为学校需要提供针对性强的课程或专题讲座、丰富线上教学平台资源等。详情如表 7-118 所示。

表 7-118 学校改进比例

选项	小计	比例
a. 开展学情分析按需施教	1 513	42.37%
b. 更新教学硬件、教学设备	1 449	40.58%
c. 提供针对性强的课程或专题讲座	1 101	30.83%
d. 优化上课时间、上课地点	1 332	37.3%
e. 提升教师教学能力和水平	824	23.07%
f. 丰富线上教学平台资源	964	27%
g. 增强手机端等学习平台的易用性	787	22.04%
h. 其他	203	5.68%
i. 没有	851	23.83%
本题有效填写人次	3 571	

2. 调研结论及对策建议

(1) 调研结论

① 学生客观方面,高职扩招学生生源复杂,学习影响因素多

生源成分复杂,扩招学生分别来自普通高中、中职、技校、退伍军人、在岗职工等不同学校或群体,总体上看文化基础相对薄弱,综合理论素养不高,尤其是部分退伍军人、在岗职工已就业、组建家庭,学习过程中容易受多种因素影响,集中在学习上的时间和精力有限,期望线上学习或线上线下相结合学习形式的占比较高。基于以上原因,高职院校教学计划实施、教学任务达成存在困难,扩招学生在学习内容获取、适应教师教学方法等方面存在困难。如有 46.63% 的学生反馈对学习内容不适应;有 22.85% 的学生对教学方法不适应;有 20.78% 的学生反馈在学习过程中比较吃力或非常吃力。部分学生

无法完全、有效实现人才培养目标,个别学生无法在规定修业年限内获得应有的知识水平和技能水平。

② 学生主观方面,总体上学习主动性较高,但部分扩招学生学习动力不足

总体上看,扩招学生对个人专业素质、技术技能水平提升需求较高,学习动力较大、学习积极性较高,多数学生对当前教学安排、教学组织形式等接受程度良好。但部分扩招学生缺乏足够的学习主动积极性和学习动力,超过三分之一的扩招学生反馈学习动力不足或很小;部分学生参与高职扩招将获得文凭作为最主要的目标,而非是将获取知识、提升技能作为最重要内容;同时扩招学生学习反思调整不足、学习精力集中度不高,只有超过半数学生能集中80%以上时间和精力进行学习。此外,扩招学生更期望通过作业等较为简单且易通过的考核方式来通过课程的考核。

③ 总体育人成效良好,但部分学生学习压力、就业压力较大

虽然总体上看扩招学生对目前的学习安排和要求接受程度较高,学校教学管理情况良好,但部分扩招生源缺乏就业经验,对就业形势了解不足,对个人就业能力分析不足,对毕业后就业前景不乐观,造成学习压力、就业压力较大。数据显示约三分之一的扩招学生反馈学习压力较大,近四成学生反映就业和转业压力较大。较大的就业转业压力又反过来压制学生的学习主动性、积极性,对教学计划的落实、人才培养目标的实现均造成不利影响。

(2) 建议对策

① 科学制定培养方案,明确培养目标

在对学生进行调查、充分了解学生的诉求、掌握学生的学习、工作、生活情况的基础上,根据产业升级和经济结构调整对技术技能人才需求,制定符合学生个性特点和学习需求的人才培养方案,科学制定教学方案,开发理论和实践相结合的课程体系,提高学生的知识理论素质,同时也提升学生的职业技能,才能让学生在学校学习中得到真正成长。

以学生为中心,以提升学生知识理论水平和技术技能水平为重点,加强师生沟通联系,充分了解扩招学生在学习中存在的困难和问题,针对学习内容、教学方法、教学组织等方面的问题有针对性地提出对策,为扩招学生提供丰富的学习资源,切实帮助学生解决学习中的困难和疑惑,助力学生成长成才。

② 优化学生激励机制，提升学习动力

针对扩招学生特点，以提升知识水平和技能水平为目标，科学制定扩招学生的学业激励机制，提升学习积极性；在人才培养方案范围内，通过组织、参加校内外学习相关活动、技能竞赛等，激发学生学习兴趣，提升扩招学生学习动力，帮助学生树立正确的学习观，将提升知识水平、锻炼专业技能作为学习的主要目标；针对学生精力集中度不高问题，合理安排课下时间，加强教师课下指导，让学生知识和技能提升不局限于课堂中。

③ 健全考核评价机制，完善就业配套政策

以学生掌握相应的知识理论水平和专业技能为导向，制定科学合理的考核评价机制，有效对扩招学生学习成效进行考核，全面、客观地检验学生学业水平，同时要避免考核形式过于简单或易于通过，否则将不利于人才培养水平提升；在扩招学生就业方面，积极完善各项就业配套政策要提前谋划，用好创业、就业相关课程的教育指导作用，引导学生主动关注、了解、熟悉就业政策，树立正确的择业观，同时根据学生具体特点缓解学生就业压力，帮助学生好就业、就好业。

六、调研结论与对策建议

（一）调研结论

本次调研数据来自28所院校，其中本科院校1所，高职院校27所。既有骨干校、示范校、优质校、双高校，也有普通院校；既有公办院校，也有民办院校，基本覆盖了各类高职院校。通过对省内外高职扩招相关政策、工作现状研究，并对调研数据进行分析，得出如下结论：

1. 所调研院校对扩招工作的评价

参与调研的学校普遍认为实施高职扩招符合我国的国情和现实要求，拓宽了就学成才渠道，提高了劳动者综合素质，更好地服务于经济社会发展。

2. 关于招生情况

（1）扩招生源结构趋于多元化。既有高中阶段（含普通高中、职业高中、职业中专、普通中专、成人中专、技工学校等）应届毕业生，又有具有高中同等学力的退役军人、下岗失业人员、农民工、在职职工等。学生年龄层次、理论基础、知识结构、技术技能、社会阅历等方面具有很大差异。

（2）招生专业及招生计划切实可行。针对扩招，各校在设置招生专业和制定招生计划时充分考虑了区域经济建设人才需求、学生就业前景等要素，同时也考虑到了生源结构，兼顾了学校的基本办学条件。招生院校设置的扩招专业都是社会人才需求多、就业形势好、教学资源有保障的优势专业。部分院校还考虑到学员个人兴趣、未来发展需求，在学生入学后，为学生提供了专业调换的机会。总的来看，绝大部分学校的招生计划制定是贴合实际的，也是可行的，并且基本都能完成招生计划。

（3）入学考试形式、考试内容、录取方式不尽相同。大部分院校都是采取分列招生计划、单独命题、分类考试、分类录取的形式，也有的院校采取统一考试、分类录取等。考试内容主要是"文化素质+职业技能"，考试方式为"笔试+面试"或只进行面试。基本都能体现生源和专业特点，选拔出符合要求的优质生源。

3. 关于人才培养情况

各招生院校均非常重视扩招学生的培养，认真开展了学情调研分析。调研内容主要侧重学历情况、学业水平、技术技能水平、职业适应性、个人兴趣爱好、工作情况等方面。调研显示，扩招学生身份多元、学情参差不齐、学习动机多样、发展需求多元。以此作为参考制定人才培养方案并实施，构建行业化、个性化、动态化、弹性化人才培养体系。

（1）配套文件制度完备。除常规教育教学管理制度以外，一般都有学校扩招工作实施方案、扩招学生人才培养方案、扩招学生管理办法等。部分院校针对不同类型的扩招学生，分类制定人才培养方案的同时，还针对学员知识结构和理论基础差异制定了基础知识补课方案，以学分制选修的方式开设相关基础课程。

（2）教学措施得当。所有院校均能做到按专业编班，半数以上的院校按扩招生源单独分专业编班，有的院校做到分类分专业单独编班。教学组织形式灵活多样，主要有阶段性集中在校教学、校外划片集中教学、送教上门、联合企业开展教学、线上线下混合式教学等。绝大多数院校实行弹性学制，半数以上的院校出台学分置换办法或实行学分制教学管理。

（3）落实立德树人根本任务，思想引领贯穿人才培养全过程。各院校都能按要求开足开全思政课程，培育学生的社会主义核心价值观。开好美育、劳动、中华优秀传统文化等限选课程，培养学生的审美和人文素养劳动意识。在专业课程学习与实习实训中融入职业精神、劳动精神、劳模精神和工匠精神等思政元素，引导学生在课堂用心学习、在职场爱岗敬业、在社会彰显文明。

（4）教学保障有力。在师资方面，充分利用原有的师资力量，结合招聘、引进企业兼职等方式，打造"双师型"结构化教学团队；为扩招学生配备教学经验丰富、行业经验丰富的高水平教师、教学管理人员；在教学资源方面，大多数院校在已建设的专业课程、教材等教学资源基础上，充分利用国家职业教育专业教学资源库。有的院校还专门为扩招学生开发了相关课程、编写活页教材等教学资源。建设丰富、立体化的教学资源是提高培养质量的坚实保障，充分利用信息技术共享优质资源也是有效途径。在教学设施方面，扩招学生与普通在校生教学设备设施共用共享，机会均等，有的院校充分考虑扩招生源具体情况，优先配置教学资源。

（5）学生管理到位。各院校都有健全的管理制度，配备学生管理经验丰富的专门辅导员，辅导员和扩招学生的沟通顺畅，沟通方式多样，除了面对面实施管理和交流外，还充分利用电话和社交软件等方式与学生进行交流。及时了解掌握学生思想动态、学习态度和学习生活甚至是工作等方面的问题并及时解决。

（6）资助政策落实到位。在扩招生源中，有部分经济困难的学生，他们多数来自农民工和下岗（待岗）职工等家庭。所有院校都制定了相应的资助政策，如国家助学金、省级助学金、助学贷款、学费减免、勤工助学、困难补助等。另外还出台相关的学习激励措施，如奖学金等各种奖励。

（7）考核评价办法多维化。所有院校改变了"一卷定终身"的考核方式，更加注重过程性评价，采取平时成绩与学业考试综合评价的方式，将学生平时的学习表现计入最终考核结果，有的院校还引入了增值评价。课程结束时学业考试方法灵活多样，有线下笔试、线上笔试、线上面试、提交作品、提交论文、技能实操等多种形式，既解决了学生的工学矛盾，又考核了学生的真实水平。

4. 存在的问题

扩招生源个人学习、教学组织以及学生管理等方面存在的问题较为突出。主要表现在以下几个方面。

（1）数据显示基础弱、工学矛盾、集中上课有困难以及信息化学习能力不足等是扩招学生在学习中存在的主要困难。96.43%的院校扩招生源不同程度存在"原有基础弱、学习方法和学习能力差"的情况。但扩招学生在职业素养、社会阅历、人际关系处理等方面优势明显。

(2) 办学条件需提升。部分院校因扩招,对现有的教学条件有所摊薄,虽想尽办法补充,但在某些方面仍难以达标。主要表现在住宿条件不足(占比57.14%);教学场地、实验实训仪器设备与耗材不足(占比53.57%);师资不足(占比46.43%)等。扩招生源不同程度稀释了各扩招院校的教学资源,对高职院校基础设施提出挑战,部分院校教室、学生宿舍等基础设施面临压力,也对高职院校的后勤服务保障工作提出了挑战。

(3) 师资队伍建设需加强。学生来源的多元,年龄层次的差异、各行各业不同的岗位需求等等,学员对知识的接受水平和需求也有较大差异,对教师的理论水平、实践经验、教学方法等要求更高。实施分类教学,对师资队伍规模也要求更大。对高职院校双师型师资队伍的建设提出了更高的要求。

(4) 教学组织难度加大。扩招生源年龄层次差别大,多数学员已结婚组成家庭,部分学员已就业或有临时性的工作,学习过程中容易受多种因素影响,集中在学习上的时间和精力有限,工学矛盾突出,像对普通在校生那样组织教学既不合适又不现实。还有的学员多年脱离学校的学习环境,短时间内难以适应校园学习生活;还有少部分学员学习目标不很明确,甚至学习态度不够端正,需要花时间去帮助、引导,这些都会对教学组织造成一定困难。生源成分的多元化对高职院校有针对性地制定人配方案、实施教学计划、达成教学目标都会带来一定困难。扩招学生在学习内容获取、适应教师教学方法等方面也存在困难。各高职院校贯彻相关要求的前提下,在编制人才培养方案、教学组织实施过程中要充分考虑这些因素。

(5) 学生管理难度增大。调研数据显示,与普通在校生相比,扩招学生的课堂出勤率明显偏低,主动表现为参加学校的学习活动和集体活动的意愿不够强,学业水平考试通过率还不够高,还存在一定比例的缺考率。多数学生在很多方面都有自己的"主见",增加了辅导员的工作难度。

(二) 对策建议

通过调研分析,发现各高职院校在高质量扩招方面都有很多好的做法和尝试,都是可以推广借鉴的。

1. 实现分类招生录取,保证生源质量

(1) 有针对性的落实招生计划。考虑到生源的特殊性,在确定招生专业时,要考虑以下因素:社会人才需求旺盛、专业技术技能特征突出、适宜于个人创业、学生的兴趣特长、学校的办学特色、办学条件及教学资源等。例如:畜牧兽医、园林技术等类别的专业可以重点面向农民、农民工等生源设置招生计划。分专业招生计划要符合社会需求和学校办学实际,同时要兼顾教学组织,例如单独成班问题、分区域实施集中教学问题等。还有的学校与企业合作,面向生源比较集中的企业单列订单式招生计划,并在教学组织时实行"送教入企"的方式,与企业联合培养。

(2) 实施分类招生录取。综合考虑生源知识结构和专业需求,合理确定入学考试形式和内容。考试形式可考虑笔试、面试、笔试+面试,以面试为主;考试内容可包含理论与实操,以综合素养、专业认知与实操基础为主。可分类甚至分专业确定录取标准,确保符合学校基本培养要求。多数的院校都是以面试的形式从考生综合素养及报考专业相关的职业适应性进行考核,分类、分专业招生录取。学生报到后,在进行完入学教育和专业教育后,学生在充分了解学习要求和专业特点后,可以提出专业调整的申请。

2. 创新教学模式,实施分类培养

(1) 科学制定培养方案。通过学情调研,充分了解学生的理论基础、学习诉求、掌握学生的学习、工作、生活情况,根据产业升级和经济结构调整对技术技能人才需求,在"课时不减、标准不降、质量不低"前提下,制定符合学生个性特点和学习需求的个性化、动态化、弹性化的人才培养方案,开发差异化教学方案,构建理论和实践相结合的课程体系。这些工作可以在学校主导下,由行业、企业甚至包括学员代表多方参与。

(2) 创新教学组织形式和教学模式。按照"标准不降、模式多元、学制灵活"原则,创新教学组织形式、教学模式,实施分类教学。对A类学生,与通过普通高考入学的高中阶段学生一同培养。对B、C类学生,实行分段全日制的弹性学制、弹性学期、弹性学时管理模式,充分利用周末、寒暑假等时间,集中教学和分散教学相结合,线上与线下教学相结合,集中到校学习和分设教学点相结合;可"送教进片区"、"送教入企业",与行业企业联合开展教学、实训等教学组织形式。实施学徒制人才培养、订单培养、定向培养、课证融通或半工半读、旺工淡学、工学交替等灵活多样的培养模式。实施学分置换,例如:退伍军人可用部队经历置换体育课、军训课学分,在职职工、农民工等工作经历可置换顶岗实习学分,技能证书可置换相关课程学分等。积极推进学分制改革和弹性学制,推进校校之间、校企之间学分互认,学生可以跨校选课或入企学习。

3. 加强教学管理,保证教学效果

(1)重视入学教育环节。B、C类学生绝大部分都已脱离课堂学习多年,短时间内难以适应课堂学习,对于一些信息化的教学、学习手段不熟悉,对所学专业了解不深;另外还有各种学习管理、学籍管理的规定、制度等等都需要让学生尽早的了解或掌握。所以入学的第一个环节——入学教育要做好。把要求学生应知应会的学习要求、学习手段、学习纪律、权利义务等等都要跟学生讲清楚,帮助学生尽快转换角色,尽早融入大学生活。

(2)加强思政教育。落实立德树人根本任务,首先要将强思想政治教育,要强化高素质技术技能人才核心素养的培育,除了按要求开齐开足思想政治理论课以外,同时将非思政课程与思政教育相融合。如在公共基础课中有效融入劳动教育,在专业课或实训课中有效融入劳模精神、工匠精神的培育。充分发挥课堂教学主渠道作用,并利用好第二课堂,确保思政教育落到实处,见到实效。

(3)优化学生激励机制。针对扩招学生特点,以提升知识水平和技能水平为目标,科学制定扩招学生的学业激励机制,提升学习积极性;在人才培养方案范围内,通过组织、参加校内外学习相关活动、技能竞赛等,激发学生学习兴趣,提升扩招学生学习动力,帮助学生树立正确的学习观,将提升知识水平、锻炼专业技能作为学习的主要目标;建立健全奖惩机制,实施奖学金制度,对表现优秀的学生及时表扬奖励,对学习态度不端正、积极性不高的学生及时教育引导,对有违纪行为的学生要及时批评教育。

(4)健全考核评价机制。严格公共基础课程和专业课程考试考核标准,根据高职扩招学生的学业水平和学习能力,以学生掌握相应的知识理论水平和专业技能为导向,针对不同生源、不同学习时间、不同学习方式,采取线上线下相结合的学业水平测试、理论考核与实践考核相结合的综合素质评价等多样化考核方式。成绩认定采用过程考核和效果考核相结合的原则,将平时自主学习、课堂学习表现、参加学习讨论、作业完成情况等纳入考核,加大技能考核权重,多形式、多方位考核,使考核更客观、更具体、更具有操作性。

也可根据课程性质,不同课程采取不同考核方式。例如:公共课以提交论文、调研报告等形式完成评价;体育课程根据学生个人身体素质和特长,由学生自主选择专项测试;专业核心课程可以已提交课程作品＋理论笔试的方式评定。

4. 加强三教改革,提升教学质量

(1) 配强配齐任课教师。针对B、C类学生生源多元化的特点,需要选派教学经验丰富的教师担任他们的任课教师,因为这类课堂相对难以驾驭。由于学生理论基础、工作经历、对新知识新技能的接受能力都存在较大差异,需要任课教师凭教学经验随时调整教学方式方法。与普通学生的培养相比,对B、C类学生的培养会更突出技能操作,所以还要求教师应具有较为丰富的专业实践经验。

(2) 加强教学规范管理。加强对教师的日常教学管理,要求任课教师按照课程标准的要求,制订授课计划,并严格按计划进行教学,认真执行教学规范,不迟到不早退,不得擅自调、停课,坚决杜绝旷课现象。教学管理部门要加强教学督导,加强课堂教学管理,杜绝教师讲课的随意性和课堂组织失控的现象。

(3) 积极推动"三教"改革。加强高职院校教师队伍建设,通过资源整合挖潜、专项培训培育、校企合作共享、社会力量兼职等措施,加快补充急需的专业教师,建强双师型教师队伍;开发适用于不同生源类型的新型活页式、工作手册式等教材,适应"互联网＋职业教育"发展需求;建好用好职业教育专业教学资源库,促进优质资源共建共享;创新技术技能人才培养培训模式,针对不同生源分类施教、因材施教,普及推广项目教学、案例教学、情景教学、工作过程导向教学,广泛应用线上线下混合教学,促进扩招学生自主化个性化学习。

4. 加强学生管理,创新管理机制

(1) 完善管理制度。加强学生的日常管理,建立健全管理制度,部分扩招学生本身有家庭和本职工作,要针对扩招学生家庭情况与实际学情来制定相应的学生管理制度。扩招学生日常管理工作应充分考虑类型教育,应充分考虑学生们的学习经历、工作环境、生源类型、认知能力、社会地位等差异带来的管理挑战,根据生源结构不同,健全管理制度,在现有日常管理制度的基础上完善更新,由点及面地构造全方位管理体系,层层落实责任传导压力,详细灵活掌握学生的学习及思想状况,全面提升管理质量及效果。

将高职扩招学生学籍管理规定、学生管理办法、学院的各项管理制度、各专业人才培养方案、上级的文件和管理办法等编制成册，确保学生人手一册，使学生全面了解国家政策、学校管理制度、规章制度、课程安排、学习内容、考核评价方式、毕业标准等内容，提醒学生遵规守纪，养成良好的大学生行为规范。

在集中面授期间，以辅导员为核心，各任课教师通力协助，形成合力，共同进行教学、考勤等管理工作，形成积极向上的学风班风；线上学习、自学期间，辅导员负责通知到每一名学生线上学习课程安排，提醒学生妥善安排学习时间，并及时督促、监管学生进行线上学习和考试，认真记录学生学习和日常行为表现并作为考核评价依据。

（2）优化学生管理队伍。选派社会阅历丰富、工作经验多、能力强、思想成熟的学生管理人员，担任班级的专职辅导员，有部队经历的转业干部担任B类学生辅导员更为理想。加强对学生管理队伍的培训，特别是针对扩招学生特殊情况进行教育管理的经验交流和专业技能培训。

（3）完善学生资助体系。针对家庭困难的扩招学生，帮助他们熟悉国家的资助政策并用好这些政策，学校还应尽量多地提供其他资助，例如学费减免、学习奖励、勤工助学等，保障学生正常完成学业。

5. 完善就业制度，实现高质量就业

（1）构建权责清晰的就业管理体制。学校校进行整体的规划和布局，从宏观的角度构建就业指导体系，将就业指导工作贯穿始终，形成权责分明的"大就业"格局。从学校顶层到职能部门再到二级学院（系），层层落实，明确责任分工，密切协调配合，推进就业指导各项工作按时有序进行，保证工作效率。通过各项考核机制，如过程性、终结性考核等环节，实现及时有效的监督和管理，完善就业工作压力传导机制，将招生计划、经费投入等指标分配与就业工作成效挂钩，旨在充分调动工作的积极性；要最大程度提供支持和保障，有条不紊地开展一系列就业指导工作。

（2）加强就业指导师资队伍建设。学校及二级学院（系）层面，要加强专职就业指导教师队伍建设，勇担就业指导一线工作的重任，将就业指导工作贯穿于培养、教育、服务学生的全过程，力争全员参与。辅导员、专业带头人要发挥中坚力量，做好思想动员和宣传教育工作；专任教师要把握好课堂教学，努力提高就业质量；企业兼职教师要发挥积极作用，多管齐下，共同致力于营造良好的就业工作局面。

(3)搭建健全完善的、全方位的学生就业服务体系。筛选优化就业指导服务内容,开展健全完善的就业指导服务工作。由专业教师、就业指导教师、企业一线骨干共同组建起就业指导工作组,从学生入校开始,对其学习情况、学习能力、优势潜能进行跟踪调查。通过这样的方式为其提供更为全面系统的职业生涯规划,同时帮助学生树立起职业理想,将其作为自身学习发展的根本动力。为不同需求的学生提供多元化的、差异化的个性就业指导服务。学校领导带头访企拓岗,拓展就业岗位。组织大、中、小型线上线下双选会,为学生提供应聘机会。鼓励学生创业,学校应对学生创业进行指导、帮扶。

(4)健全贫困学生就业帮扶长效机制。将服务贫困生就业作为工作重点,建立"扶志+送岗+保障"的工作机制。实施"一对一"就业帮扶,校领导联系学院(系)、院(系)领导联系专业、专任教师联系学生、就业指导人员全程参与,落实"每位贫困生有专人对接"的工作机制。为学生争取地方政府为贫困生发放的求职补贴,加大典型引路、路径引入,促进贫困生愿就业、能就业。

6. 完善办学条件,为教学提供保障

由于招生规模的扩大,部分学校的办学条件被稀释,不能完全达标,学校要加快建设或修缮学校的基础设施,如学生教学实训场馆、公寓、学生活动中心等,加大教学设备设施投入,以培训转型、引进、外聘、校企合作等形式补充师资缺口满足学生的生活学习需求。不同身份、不同层面、不同经历、不同年龄的学生状况,传统的日常管理与后勤保障服务已经不能满足多元化生源结构的需求,以学生为本,做到管理与服务并举,让学生身心健康快乐成才。

七、附件:调查问卷

附件1:扩招生源招生就业情况调研问卷

扩招生源招生就业情况调研问卷

本问卷有34个问题,大约占用您5分钟的时间,旨在调研高职扩招学生招生和教育教学管理情况,此问卷中的"扩招"特指高职扩招,所有涉及扩招相关的数据均指2019年以来近三年数据统计。我们郑重承诺,此调研问卷仅用于职教高地课题"质量型扩招研究",不做其他商业用途,我们保证对问卷信息保密。

在此,感谢您的大力支持!

质量型扩招研究课题组
2022 年 3 月 16 日

1. (填空题)您的学校是:_____(区域)_____(省、市、区)_____(学校名称)

2. (单选题)学校层次:

    ○ a. 高职专科

    ○ b. 高职本科

    ○ c. 其他_____ *

3. (多选题)学校是:

    □ a. "双高"校

    □ b. 国家级示范(或骨干)校

    □ c. 省级示范(或骨干)校

    □ d. 一般院校

4. (单选题)学校性质:

    ○ a. 公办

    ○ b. 民办

    ○ c. 其他_____ *

5. (多选题)贵校制定扩招招生计划的依据(   )

    □ a. 区域经济建设急需

    □ b. 社会民生领域紧缺

    □ c. 就业率高、前景好

    □ d. 依据国家政策要求

    □ e. 基本办学条件

    □ f. 其他

6. (单选题)贵校扩招生源学费收取情况(　　)

　　○ a. 未收取学费

　　○ b. 入学时按规定收取学费

　　○ c. 入学后一定期限内按规定收取学费

　　○ d. 其他

7. (多选题)学校这3年扩招生源类型有：

　　□ a. 退役军人

　　□ b. 下岗失业人员

　　□ c. 农民工

　　□ d. 中职毕业生

　　□ e. 普高毕业生

　　□ f. 企事业在职员工

　　□ g. 乡村干部(含村两委干部)

　　□ h. 基层农技人员

　　□ i. 其他人员(请说明)_____ *

8. (单选题)学校不同类型扩招生源的开学时间是：

　　○ a. 春季开学

　　○ b. 秋季开学

　　○ c. 春秋季都有

　　○ d. 其他(请说明)_____ *

9. (单选题)学校扩招生源是否充足：

　　○ a. 一直充足

　　○ b. 部分年度充足

　　○ c. 一直不足

　　○ d. 不好判断

10. (多选题)学校扩招保障经费来源途径主要有：

　　□ a. 国家财政性教育经费投入

　　□ b. 地方财政性教育经费投入

　　□ c. (合作)企业经费投入

☐ d. 社会捐赠经费

☐ e. 学校经营收入

☐ f. 学费

☐ g. 其他(具体说明)

11. (多选题)学校发现哪类扩招学员交学费有困难：

☐ a. 退役军人

☐ b. 下岗失业人员

☐ c. 农民工

☐ d. 基层农技术人员

☐ e. 中职毕业生

☐ f. 普高毕业生

☐ g. 企事业在职员工

☐ h. 乡村干部(含村两委干部)

12. (多选题)学校给扩招学员提供了哪些方面的资助：

☐ a. 国家助学金、省级助学金

☐ b. 国家奖学金、省级奖学金

☐ c. 学杂费减免

☐ d. 助学贷款

☐ e. 勤工俭学

☐ f. 专项资助(如退役士兵教育资助)

☐ g. 其他_____ *

13. (单选题)贵校扩招生源类型中高中阶段学校(含普通高中、职业高中、职业中专、普通中专、成人中专、技工学校)应届毕业生占比(　　)

○ a. 90%以上

○ b. 80%~90%

○ c. 70%~80%

○ d. 60%~70%

○ e. 50%~60%

○ f. 40%~50%

○ g. 30%～40%
○ h. 20%～30%
○ i. 10%～20%
○ j. 10%以下

14. (单选题)贵校扩招生源类型中退役军人占比(　　)
○ a. 90%以上
○ b. 80%～90%
○ c. 70%～80%
○ d. 60%～70%
○ e. 50%～60%
○ f. 40%～50%
○ g. 30%～40%
○ h. 20%～30%
○ i. 10%～20%
○ j. 10%以下

15. (单选题)贵校扩招生源类型中下岗失业人员占比(　　)
○ a. 90%以上
○ b. 80%～90%
○ c. 70%～80%
○ d. 60%～70%
○ e. 50%～60%
○ f. 40%～50%
○ g. 30%～40%
○ h. 20%～30%
○ i. 10%～20%
○ j. 10%以下

16. (单选题)贵校扩招生源类型中农民工占比(　　)
○ a. 90%以上
○ b. 80%～90%

○ c. 70%～80%
○ d. 60%～70%
○ e. 50%～60%
○ f. 40%～50%
○ g. 30%～40%
○ h. 20%～30%
○ i. 10%～20%
○ j. 10%以下

17. （单选题）贵校扩招生源类型中在岗职工占比（　　）
○ a. 90%以上
○ b. 80%～90%
○ c. 70%～80%
○ d. 60%～70%
○ e. 50%～60%
○ f. 40%～50%
○ g. 30%～40%
○ h. 20%～30%
○ i. 10%～20%
○ j. 10%以下

18. （单选题）贵校扩招生源类型中乡村干部（含村两委干部）占比（　　）
○ a. 90%以上
○ b. 80%～90%
○ c. 70%～80%
○ d. 60%～70%
○ e. 50%～60%
○ f. 40%～50%
○ g. 30%～40%
○ h. 20%～30%
○ i. 10%～20%
○ j. 10%以下

19．（单选题）贵校扩招生源类型中基层农业技术人员占比（　　）
- a. 90％以上
- b. 80％～90％
- c. 70％～80％
- d. 60％～70％
- e. 50％～60％
- f. 40％～50％
- g. 30％～40％
- h. 20％～30％
- i. 10％～20％
- j. 10％以下

20．（单选题）贵校扩招生源类型中其他人员占比（　　）
- a. 90％以上
- b. 80％～90％
- c. 70％～80％
- d. 60％～70％
- e. 50％～60％
- f. 40％～50％
- g. 30％～40％
- h. 20％～30％
- i. 10％～20％
- j. 10％以下

21．（单选题）在扩招的学生中，残疾学生生源占比（　　）
- a. 0
- b. 10％以下
- c. 10％～20％
- d. 20％以上

22．（填空题）近几年学校面向扩招学员开设了（　　）个专业。

23.（填空题）按照招生人数排序，贵校高职扩招排名前 5 的专业及招生人数：

专业一：_____ 人数：_____

专业二：_____ 人数：_____

专业三：_____ 人数：_____

专业四：_____ 人数：_____

专业五：_____ 人数：_____

24.（多选题）学校为扩招学员提供了哪些就业指导与服务：

☐ a. 职业生涯指导课或讲座

☐ b. 进行职业测评

☐ c. 求职方法技巧指导

☐ d. 就业信息服务平台

☐ e. 组织召开或参加就业招聘会

☐ f. 其他

25.（矩阵单选题）目前大致了解各类扩招学员的毕业意向是：

生源类型	就业（或继续工作）	升学	其他
a. 退役军人	○	○	○
b. 下岗失业人员	○	○	○
c. 农民工	○	○	○
d. 中职毕业生	○	○	○
e. 普高毕业生	○	○	○
f. 企事业在职员工	○	○	○
g. 乡村干部（含村两委干部）	○	○	○
h. 基层农业技术人员	○	○	○

26.（多选题）扩招对当地发展有什么积极影响？

☐ a. 拓宽了就学成才渠道

☐ b. 减缓了就业压力

☐ c. 开发了劳动力资源

☐ d. 提升了劳动者素质

☐ e. 促进了技能型社会建设

☐ f. 其他_____ *

27. （单选题）整体来看学校是否实现了质量型扩招？

○ a. 基本实现

○ b. 有点差距

○ c. 有较大差距

○ d. 还待进一步评估

28. （单选题）学校认为扩招政策和工作是否有必要持续进行？

○ a. 不可持续

○ b. 短期内可持续

○ c. 可长期开展

○ d. 因地制宜、一省一策

○ e. 自主安排、一校一策

○ f. 其他_____ *

29. （单选题）如果自主选择，学校还会不会继续扩招？

○ a. 会

○ b. 不会

○ c. 根据政策来定

○ d. 根据是否有需求确定

○ e. 其他

30. （单选题）贵校的招生入学考试形式（　　）

○ a. 笔试

○ b. 面试

○ c. 笔试＋面试

○ d. 免试（含技能证书认定等）

○ d. 其他

31. （单选题）贵校的扩招招生考试内容（　　）

○ a. 文化素质＋职业技能

○ b. 文化素质

○ c. 职业技能

○ d. 其他

32. （单选题）贵校录取形式（　　　）

○ a. 各类生源统一考试,统一录取

○ b. 各类生源统一考试,按计划分类录

○ c. 各类生源分类考试,分类录取

○ d. 其他

33. （填空题）在扩招过程中,贵校有哪些好的经验做法以及典型案例？

34. （填空题）在扩招过程中,贵校认为还存在哪些问题？有哪些解决问题的办法或建议？（3～5条,每条100字以内）

附件 2：扩招生源教育教学情况调研问卷

扩招生源教育教学情况调研问卷

本问卷有 40 个问题，大约占用您 5 分钟的时间，旨在调研高职扩招学生招生和教育教学管理情况，此问卷中的"扩招"特指高职扩招。我们郑重承诺，此调研问卷仅用于职教高地课题"质量型扩招研究"，不做其他商业用途，我们保证对问卷信息保密。在此，感谢您的大力支持！

质量型扩招研究课题组
2022 年 3 月 16 日

1. （填空题）您的学校是：_____（区域）_____（省、市、区）_____（学校名称）

2. （单选题）学校层次：
   ○ a. 高职专科
   ○ b. 高职本科
   ○ c. 其他_____ *

3. （多选题）学校是：
   □ a. "双高"校
   □ b. 国家级示范（或骨干）校
   □ c. 省级示范（或骨干）校
   □ d. 一般院校

4. （单选题）学校性质：
   ○ a. 公办
   ○ b. 民办
   ○ c. 其他_____ *

5. （多选题）学校向扩招学生提供了几种方式选择学习专业：
   □ a. 学员可根据个人兴趣自主选择
   □ b. 学员可根据未来发展需求自主选择
   □ c. 学校安排优势专业

☐ d. 学校安排就业形势好的专业

☐ e. 学校根据资源保障等实际情况安排学习专业

☐ f. 其他_____ *

6. (多选题)学校针对扩招学生做了哪些方面的学情调查：

☐ a. 学业水平测试或统计分析学历情况

☐ b. 技术技能水平测试或统计分析职业技能测试或职业适应性测试成绩

☐ c. 信息技术应用能力测试或调查

☐ d. 原有学习成果情况调研

☐ e. 学习目标或学习期望调查

☐ f. 学习内容、学习方式、上课时间等需求调查

☐ g. 没有开展学情调查

☐ h. 其他_____ *

7. (多选题)扩招学生主要存在以下哪些方面的学习困难：

☐ a. 原有基础弱,学习方法和学习能力差

☐ b. 信息化学习能力不足

☐ c. 学习动力或持续性不足(如学习成绩不理想有退学想法)

☐ d. 工作与学习时间冲突,学习组织有难度(如集中上课不能按时参加)

☐ e. 其他_____ *

8. (多选题)是否为不同类型扩招学生制订了有针对性的人才培养方案情况：

☐ a. 为脱产学习人员单独编班并制订了专门的人才培养方案

☐ b. 将脱产学习人员编入原有班级并制订了补课方案

☐ c. 为不脱产学习人员单独编班并制订了工学交替培养方案

☐ d. 其他_____ *

9. (多选题)学校针对哪类学生采取了弹性学制：

☐ a. 退役军人

☐ b. 下岗失业人员

☐ c. 农民工

☐ d. 在职人员

☐ e. 都没有采取弹性学制

☐ f. 其他人员_____ *

10.（多选题）学校的扩招学生中，社会生源的主要编班方式是？

☐ a. 按专业编班

☐ b. 校企合作编"订单班"

☐ c. 编入普通生源班

☐ d. 其他（请注明）_____

☐ e. 没教过社会生源，不清楚

11.（多选题）贵校的教学组织形式（   ）

☐ a. 与普通学生合班教学

    如选择此项，请不要选 B

☐ b. 集中在校教学

    如选择此项，请不要选 A

☐ c. 校外划片集中教学，送教上门

☐ d. 联合行业企业开展教学，实施订单培养

☐ e. 过往学习经历、专业相关成果认定，实施学分置换

☐ f. 其他

12.（多选题）学校针对扩招学生如何解决课程和教学资源：

☐ a. 利用国家职业教育专业教学资源库

☐ b. 专门开发了相关课程、教材与教学资源

☐ c. 主要使用原有专业课程、教材与教学资源

☐ d. 选用企业有关培训课程、教学资源

☐ e. 其他_____ *

13.（多选题）学校针对扩招学生在教学内容安排上做了什么调整：

☐ a. 适当压缩理论性教学内容，增加实践性教学内容

☐ b. 适当减少实践性教学内容，增加理论性教学内容

☐ c. 维持原专业的理论教学和实践教学内容比例

☐ d. 根据实际情况灵活调整理论课与实践课教学比例

☐ e. 其他_____ *

14. (多选题)学校针对扩招学生从哪些方面开展了思想政治教育工作：

☐ a. 开齐开足思想政治理论课、党史国史课、中华优秀传统文化等相关课程

☐ b. 在专业课程学习与实习实训中融入专业精神、职业精神和工匠精神培养

☐ c. 开设相关内容讲座

☐ d. 开展主题教育活动(爱国爱党、维护安全等方面)

☐ e. 其他_____ *

15. (多选题)学校针对扩招学生主要采取了哪些教学形式：

☐ a. 集中授课学习(包括线上和线下)

☐ b. 自主探究式学习(包括线上和线下)

☐ c. 小组合作学习(包括线上和线下)

☐ d. 研讨型学习(包括线上和线下)

☐ e. 项目式学习(包括线上和线下)

☐ f. 其他_____ *

16. (多选题)学校各类扩招学生的主要上课时间是？

☐ a. 工作日白天

☐ b. 工作日晚上

☐ c. 节假日白天

☐ d. 节假日晚上

17. (多选题)适应扩招学生不同生源、不同学习时间、不同学习方式，教学评价主要采取了哪些方式：

☐ a. 现场试卷测试

☐ b. 在线测试

☐ c. 作品、研究报告类考评

☐ d. 技能实操考试

☐ e. 平时表现评价

☐ f. 综合素质评价

☐ g. 其他_____ *

18.（单选题）学校对扩招学生的学业标准、毕业要求相比于正常学生的要求如何？

○ a. 二者要求基本一致

○ b. 扩招学生要求低于正常学生

○ c. 扩招学生要求高于正常学生

○ d. 其他_____ *

19.（多选题）学校对扩招学生实施学分制主要有哪些做法：

☐ a. 修完本校课程兑换学分

☐ b. 其他途径课程学习兑换学分（如自考、成人教育、网络教育等）

☐ c. 已取得的职业技能证书兑换学分

☐ d. 工作经历、相关培训经历认定后可折算成相应实习实训学分或免修相应课程

☐ e. 参与职业教育国家学分银行试点进行学分兑换

☐ f. 其他_____ *

20.（单选题）三年来扩招学生获取职业技能等级证书（X证书）或其他证书的情况

○ a. 少于1/3学员获得有关证书

○ b. 等于或多于1/3、少于2/3学员获得有关证书

○ c. 等于或多于2/3学员获得有关证书

○ d. 未统计，不清楚

21.（单选题）扩招学生学业考试通过情况如何：

○ a. 通过率在90%以上

○ b. 通过率80%～90%

○ c. 通过率70%～79%

○ d. 通过率60%～69%

○ e. 通过率60%以下

22. （多选题）学校为扩招学生配备教师的来源途径有哪些？

　　☐ a. 利用各专业原有专任教师资源

　　☐ b. 校内其他师资培训后转岗

　　☐ c. 专门引进、招聘人才

　　☐ d. 增加企业兼职人员

　　☐ e. 增加银龄讲学补充

　　☐ f. 增加社会力量兼职

　　☐ g. 其他_____ *

23. （多选题）学校组织教师针对扩招开展了哪些方面的教学改革：

　　☐ a. 组建教学创新团队

　　☐ b. 配备专门辅导员、教学管理人员管理与服务扩招学生

　　☐ c. 开展教研工作（对学情、教学组织、课程调整、学生管理与考核评价等方面进行研究）

　　☐ d. 研究制订或修改人才培养方案

　　☐ e. 改造课程、编写教材或教案、开发教学资源

　　☐ f. 开展线上教学、线上测试与评价，开发数字资源

　　☐ g. 现场进行实习实训专门指导

　　☐ h. 进行学生心理指导和学习引导

　　☐ i. 其他_____ *

24. （多选题）学校扩招的教学条件遇到哪些困难：

　　☐ a. 教学场地不足

　　☐ b. 实验实训仪器设备与材料不足

　　☐ c. 住宿条件不足

　　☐ d. 师资不足

　　☐ e. 其他_____ *

25. （单选题）您或者教师认为，扩招学生的学习效果如何：

　　○ a. 学习效果良好，有助于升学或就业/在职工作

　　○ b. 学习效果一般，对升学或就业/在职工作帮助不大

　　○ c. 学习效果较差，对升学或就业/在职工作没作用

○ d. 没做调查或了解，不清楚

26. (多选题)学校为扩招工作专门制订了哪些文件：

☐ a. 扩招工作实施方案

☐ b. 各类人员的人才培养方案

☐ c. 经费保障方案

☐ d. 师资配备和培训文件

☐ e. 校企合作文件

☐ f. 就业指导文件

☐ g. 扩招学生管理办法

☐ h. 学分制管理办法(含原有学习成果认定与转换办法)

☐ i. 其他

27. (多选题)学校在扩招办学中主要遇到了哪些问题：

☐ a. 生源不足或招生困难

☐ b. 经费不足

☐ c. 教学保障条件不足

☐ d. 师资配备有困难

☐ e. 教学实施有难度

☐ f. 学员学习能力弱

☐ g. 学员学习兴趣或动力不足

☐ h. 学员管理难度大

☐ i. 校企合作难度大

☐ j. 学业评价有难度

☐ k. 就业有困难

☐ l. 其他

28. (多选题)扩招对学校发展有什么积极影响：

☐ a. 促进学校育训结合

☐ b. 促进学校教学模式多元化

☐ c. 促进学校拓宽社会服务功能

☐ d. 提升学校治理能力

☐ e. 挖掘了学校潜能

☐ f. 其他＿＿＿＿＿＿＿ *

29.（多选题）扩招对当地发展有什么积极影响？

☐ a. 拓宽了就学成才渠道

☐ b. 减缓了就业压力

☐ c. 开发了劳动力资源

☐ d. 提升了劳动者素质

☐ e. 促进了技能型社会建设

☐ f. 其他＿＿＿＿＿＿＿ *

30. 您认为学校实现质量型扩招最需要做好哪三方面工作？［排序题，请在中括号内依次填入数字］*

☐ a. 开发优质教学资源

☐ b. 配备合适的师资队伍

☐ c. 因材施教，做好教学改革

☐ d. 改善教学条件

☐ e. 做好学生管理工作

☐ f. 其他

31.（单选题）贵校针对残疾学生的培养方式（　　）

○ a. 与现有独立设置的特殊教育机构合作

○ b. 与普通学生共同培养

○ c. 其他

32.（多选题）学校针对不脱产扩招学生采取了哪些教学组织方式：

☐ a. 集中教学与分散教学相结合

☐ b. 校内教学与校外教学相结合

☐ c. 线上教学与线下教学相结合

☐ d. 送教上门与自主学习相结合

☐ e. 工学交替

☐ f. 学徒制教学形式

☐ g. 其他＿＿＿＿＿＿＿ *

33. (多选题)贵校面向扩招学生主要实践教学形式?(　　　)

☐ a. 课程内实践教学

☐ b. 校内综合实训

☐ c. 认知实习

☐ d. 跟岗实习

☐ e. 顶岗实习

☐ f. 其他

34. (多选题)贵校负责扩招学生的授课教师具有以下哪些特点：

☐ a. 行业经验丰富

☐ b. 教学经验丰富

☐ c. 学生管理经验丰富

☐ d. 其他

35. (多选题)贵校扩招学生和辅导员的沟通方式主要有哪些?(　　　)

☐ a. 当面交流

☐ b. 电话

☐ c. 社交类软件

☐ d. 邮箱

☐ e. 其他

36. (单选题)贵校学生课堂出勤率:(　　　)

○ a. 90%以上

○ b. 80%~90%

○ c. 70%~80%

○ d. 60%~70%

○ e. 50%~60%

○ f. 50%以下

37. (单选题)贵校扩招学生课程的及格率:(　　　)

○ a. 80%以上

○ b. 60%~80%

○ c. 40%~60%

○ d. 40%以下

38. (多选题)贵校扩招学生最关注的问题有哪些？（　　）

☐ a. 与普通学生毕业证书是否相同

☐ b. 在落户、就业等方面与普通高校毕业生享受同等待遇

☐ c. 补贴政策落实

☐ d. 其他_____ *

39. (填空题)在扩招过程中,贵校有哪些好的经验做法以及典型案例?

40. (填空题)在扩招过程中,贵校认为还存在哪些问题？有哪些解决问题的办法或建议？（3~5条,每条100字以内）

附件3：扩招生源教师情况调查问卷

扩招生源教师情况调查问卷

尊敬的老师：您好！

本问卷有53个问题,大约占用您5分钟的时间,旨在调研高职扩招学生招生和教育教学管理情况,此问卷中的"扩招"特指高职扩招。我们郑重承诺,此调研问卷仅用于职教高地课题"质量型扩招研究",不做其他商业用途,我们保证对问卷信息保密。在此,感谢您的大力支持！

质量型扩招研究课题组
2022年3月16日

1. (多选题)您所教的扩招学生类型有？

☐ a. 中职毕业生

☐ b. 普高毕业生

☐ c. 社会生源

2. (多选题)您所教的扩招社会生源有？

☐ a. 退役军人

☐ b. 下岗失业人员

☐ c. 农民工

☐ d. 企事业在职员工

☐ e. 基层农技人员

☐ f. 乡村干部(含村两委干部)

☐ g. 其他(请注明)＿＿＿＿＿＿＿＿

3. (单选题)您认为以下哪种描述最符合您对扩招学生的教育理念?

○ a. 扬长补短

○ b. 扬长避短

○ c. 缺啥补啥

○ d. 按需施教

4. (单选题)在您所教的扩招学生中,有多少学生您能准确叫出名字?

○ a. 全部

○ b. 大部分

○ c. 半数

○ d. 小部分

○ e. 没有

5. (矩阵单选题)您对所教的扩招学生的了解程度如何?

内容	十分了解	了解	一般	不太了解	完全不了解
a. 从业经历	○	○	○	○	○
b. 知识技能基础	○	○	○	○	○
c. 学习目的	○	○	○	○	○
d. 学习兴趣	○	○	○	○	○
e. 学习能力	○	○	○	○	○
f. 认知特点	○	○	○	○	○
g. 发展愿景	○	○	○	○	○

6. (矩阵单选题)您认为所教的扩招学生知识基础与普通生源相比如何?

生源类型	高于普通生源	略高于普通生源	相当	略低于普通生源	低于普通生源
a. 退役军人	○	○	○	○	○
b. 下岗失业人员	○	○	○	○	○
c. 农民工	○	○	○	○	○
d. 企事业在职员工	○	○	○	○	○
e. 基层农技人员	○	○	○	○	○
f. 乡村干部(含村两委干部)	○	○	○	○	○

7.（矩阵单选题）您认为所教的扩招学生综合素质与普通生源相比如何？

生源类型	高于普通生源	略高于普通生源	相当	略低于普通生源	低于普通生源
a. 退役军人	○	○	○	○	○
b. 下岗失业人员	○	○	○	○	○
c. 农民工	○	○	○	○	○
d. 企事业在职员工	○	○	○	○	○
e. 基层农技人员	○	○	○	○	○
f. 乡村干部(含村两委干部)	○	○	○	○	○

8.（多选题）与普通生源相比，您认为扩招学生有哪些优点？

☐ a. 社会经验足

☐ b. 组织纪律性强

☐ c. 学习意愿强

☐ d. 学习自觉性强

☐ e. 自学能力强

☐ f. 学习目标明确

☐ g. 学习精力投入高

☐ h. 人际关系处理能力强

☐ i. 其他(请注明)_____

☐ j. 没发现

9. (多选题)您认为扩招学生的学习困难有哪些？

☐ a. 基础弱

☐ b. 学习方法差

☐ c. 数字技能不足

☐ d. 工学矛盾突出

☐ e. 其他(请注明)＿＿＿＿＿＿

☐ f. 没发现

10. (单选题)学校是否为扩招学生分类制订了人才培养方案？

○ 是

○ 否

11. (单选题)您是否同意为扩招学生分类制定的专业人才培养方案很好地体现了按需施教？

○ a. 非常同意

○ b. 同意

○ c. 一般

○ d. 不同意

○ e. 非常不同意

12. (多选题)您所教的扩招学生中，社会生源的主要编班方式是？

☐ a. 按专业编班

☐ b. 校企合作编"订单班"

☐ c. 编入普通生源班

☐ d. 其他(请注明)＿＿＿＿＿＿

☐ e. 没教过社会生源，不清楚

13. (单选题)您所教的各类扩招学生的主要上课时间是？

○ a. 工作日白天

○ b. 工作日晚上

○ c. 节假日白天

○ d. 节假日晚上

14. （单选题）与普通生源相比，您对扩招学生常用的教学组织形式是否有区别？

　　○ a. 很大区别

　　○ b. 较大区别

　　○ c. 有点区别

　　○ d. 极少区别

　　○ e. 没有区别

15. （多选题）您对扩招学生常用的教学组织形式有哪些？

　　□ a. 集中教学与分散教学相结合

　　□ b. 校内教学与校外教学相结合

　　□ c. 线上教学与线下教学相结合

　　□ d. 教师辅导和学生自主学习相结合

　　□ e. "旺工淡学"的错峰教学（"旺"季以企业实践为主，"淡"季以学校教学为主）

　　□ f. 送教上门（下乡）

　　□ g. 建立"社区学区""企业学区"等就近实施教学

　　□ h. 其他（请注明）＿＿＿＿＿＿＿＿

　　□ i. 以上都没有

16. （单选题）与普通生源相比，您对扩招学生常用的教学方法是否有区别？

　　○ a. 很大区别

　　○ b. 较大区别

　　○ c. 有点区别

　　○ d. 极少区别

　　○ e. 没有区别

17. 您对扩招学生常用的教学方法有哪些？［排序题，请在中括号内依次填入数字］*

请排序（排名越靠前表示使用频率越高）。【最多选择 7 项并排序】

　　□ a. 讲授法

　　□ b. 讨论法

☐ c. 演示法

☐ d. 项目教学法

☐ e. 案例教学法

☐ f. 情境教学法

☐ g. 其他（请注明）

18. （矩阵单选题）在您的课上，所教的扩招学生出勤率如何？

生源类型	80%以上	60%~80%	40%~60%	20%~40%	20%以下
a. 退役军人	○	○	○	○	○
b. 下岗失业人员	○	○	○	○	○
c. 农民工	○	○	○	○	○
d. 企事业在职员工	○	○	○	○	○
e. 基层农技人员	○	○	○	○	○
f. 乡村干部（含村两委干部）	○	○	○	○	○

19. （矩阵单选题）在您的课上，所教的扩招学生集中在学习上的时间和精力大致比例是多少？

生源类型	80%以上	60%~80%	40%~60%	20%~40%	20%以下
a. 退役军人	○	○	○	○	○
b. 下岗失业人员	○	○	○	○	○
c. 农民工	○	○	○	○	○
d. 企事业在职员工	○	○	○	○	○
e. 基层农技人员	○	○	○	○	○
f. 乡村干部（含村两委干部）	○	○	○	○	○

20. （多选题）为保证课程教学效果，您是如何为扩招学生准备线上教学资源的？

☐ a. 利用国家级职业教育专业教学资源库

☐ b. 利用其他学校或企业等开发的相关线上教学资源

☐ c. 利用自行开发的配套线上教学资源

☐ d. 其他（请注明）_____

☐ e. 没准备

21.（多选题）您感觉学校采取了哪些方式为扩招学生安排实习单位？

☐ a. 通过学校的校企合作途径

☐ b. 通过与在职扩招学生自己的单位合作

☐ c. 中介介绍

☐ d. 学生自己找的

☐ e. 其他（请注明）_____

☐ f. 没有安排

22.（多选题）针对您所教的课程，扩招学生能否用以下学习成果兑换学分？

☐ a. 其他所学课程

☐ b. 职业技能等级证书（"X"证书）

☐ c. 国家职业资格证书

☐ d. 行业企业认定的专项能力证书

☐ e. 业绩成果（包括培训证书、业绩奖项、荣誉称号等）

☐ f. 经历与资历

☐ g. 其他（请注明）_____

☐ h. 不可以兑换

23.（矩阵单选题）您所教的课程中，扩招学生的课程考核标准要求与普通生源相比如何？

生源类型	高于普通生源	略高于普通生源	相当	略低于普通生源	低于普通生源
a. 退役军人	○	○	○	○	○
b. 下岗失业人员	○	○	○	○	○
c. 农民工	○	○	○	○	○
d. 企事业在职员工	○	○	○	○	○
e. 基层农技人员	○	○	○	○	○
f. 乡村干部（含村两委干部）	○	○	○	○	○

24.（矩阵单选题）您所教的课程中，扩招学生的初次考试通过率与普通生源相比如何？

生源类型	高于普通生源	略高于普通生源	相当	略低于普通生源	低于普通生源
a. 退役军人	○	○	○	○	○
b. 下岗失业人员	○	○	○	○	○
c. 农民工	○	○	○	○	○
d. 企事业在职员工	○	○	○	○	○
e. 基层农技人员	○	○	○	○	○
f. 乡村干部（含村两委干部）	○	○	○	○	○

25.（矩阵单选题）您认为您所教的扩招学生能否在3～6年内达到毕业要求？

生源类型	高于普通生源	略高于普通生源	相当	略低于普通生源	低于普通生源
a. 退役军人	○	○	○	○	○
b. 下岗失业人员	○	○	○	○	○
c. 农民工	○	○	○	○	○
d. 企事业在职员工	○	○	○	○	○
e. 基层农技人员	○	○	○	○	○
f. 乡村干部（含村两委干部）	○	○	○	○	○

26.（矩阵单选题）您从事以下教学设计活动的频率如何？

	总是	经常	有时	极少	从未
a. 我会在教学设计时针对扩招学生开展学情分析	○	○	○	○	○
b. 我会根据扩招学生的特点制定教学目标	○	○	○	○	○
c. 我会根据扩招学生的特点制定教学计划	○	○	○	○	○
d. 我会根据扩招学生的特点设计教学过程和项目任务	○	○	○	○	○
e. 我会根据扩招学生的特点对教材内容进行重新加工和挖掘	○	○	○	○	○
f. 我会根据扩招学生的特点，将相关领域产业升级的新技术、新工艺、新规范融入教学设计	○	○	○	○	○

27.（矩阵单选题）您从事以下课堂教学活动的频率如何？

	总是	经常	有时	极少	从未
a. 我会将课程思政元素和扩招学生特点结合起来并融入教学	○	○	○	○	○
b. 我会根据扩招学生的学情因材施教	○	○	○	○	○
c. 我会根据扩招学生的特点，采用多样化的教学组织形式保证学生学习效果	○	○	○	○	○
d. 我会根据扩招学生的特点，在课堂上引导学生进行小组合作学习	○	○	○	○	○
e. 我会将新知识、新技能和扩招学生的实践经历结合起来	○	○	○	○	○
f. 我会根据扩招学生的特点，让他们利用信息技术完成作业或任务	○	○	○	○	○

28.（矩阵单选题）您从事以下教学评价活动的频率如何？

	总是	经常	有时	极少	从未
a. 我会根据扩招学生特点，为他们设定不同的评价目标	○	○	○	○	○
b. 我会根据扩招学生特点，为他们采取不同的评价方法	○	○	○	○	○
c. 我会根据扩招学生的特点，为他们制定不同的评价内容	○	○	○	○	○

29.（矩阵单选题）您从事以下教学管理活动的频率如何？

	总是	经常	有时	极少	从未
a. 为扩招学生开展思想教育引导	○	○	○	○	○
b. 为扩招学生提供心理疏导	○	○	○	○	○
c. 为扩招学生提供职业生涯规划或就业创业指导	○	○	○	○	○
d. 为扩招学生开展日常行为规范教育引导	○	○	○	○	○

30. (矩阵单选题)您是否了解学校关于扩招学生的相关制度？

	十分了解	了解	一般	不太了解	完全不了解
a. 日常管理制度	○	○	○	○	○
b. 教学质量监控制度	○	○	○	○	○
c. 就业工作推进制度	○	○	○	○	○
d. 舆情应对工作制度	○	○	○	○	○

31. (单选题)您是否参加过学校就扩招学生教育教学管理工作组织的相关培训？

○ a. 是

○ b. 否

32. (多选题)针对扩招教学的专门培训内容主要侧重在哪些方面？

☐ a. 教育观念的转变

☐ b. 专业领域知识

☐ c. 专业领域实践技能

☐ d. 扩招学生的学情分析

☐ e. 个性化教学

☐ f. 使用信息技术教学

☐ g. 学生心理、行为和课堂管理

☐ h. 多元化的学生评价方法

☐ i. 学生职业生涯咨询和就业指导

☐ j. 其他(请注明)_____

33. (单选题)培训对您的扩招学生教学工作有何帮助？

○ a. 很有帮助

○ b. 比较有帮助

○ c. 一般

○ d. 较小帮助

○ e. 没有帮助

34.（单选题）您认为承担扩招学生教学工作后有什么变化？

　　○ a. 工作量增加了，薪酬没增加

　　○ b. 工作量和薪酬都增加了

　　○ c. 工作量没增加，薪酬增加了

　　○ d. 工作量和薪酬都没增加

35.（单选题）承担扩招学生教学工作后，您认为自己的教育教学水平和之前相比如何？

　　○ a. 进步很大

　　○ b. 有所进步

　　○ c. 没进没退

　　○ d. 有所退步

　　○ e. 退步很大

36.（单选题）承担扩招学生教学工作后，您认为自己的班级/学生管理水平和扩招前相比如何？

　　○ a. 进步很大

　　○ b. 有所进步

　　○ c. 没进没退

　　○ d. 有所退步

　　○ e. 退步很大

37.（多选题）为更好地应对扩招学生教育教学管理工作，您认为自己需要在哪些方面得到提升？

　　□ a. 教育理念

　　□ b. 专业领域知识水平

　　□ c. 专业领域技能水平

　　□ d. 学生学情分析能力

　　□ e. 个性化教学能力

　　□ f. 信息化教学能力

　　□ g. 学生管理能力

　　□ h. 学生评价技术

☐ i. 学生职业生涯和就业指导能力
☐ j. 其他（请注明）_____
☐ k. 不需要

38. （单选题）承担扩招学生教学工作是否让您觉得有工作负担？
○ a. 很有负担
○ b. 比较有负担
○ c. 中等负担
○ d. 较小负担
○ e. 没有负担

39. （单选题）您还愿意继续承担扩招学生教学工作吗？
○ a. 非常愿意
○ b. 比较愿意
○ c. 一般
○ d. 不太愿意
○ e. 非常不愿意

40. （矩阵单选题）为更好地应对扩招学生教育教学管理工作，您认为学校在以下方面需要改进的紧迫程度如何？

	非常紧迫	比较紧迫	一般	不太紧迫	完全不紧迫
a. 师资条件	○	○	○	○	○
b. 基础设施	○	○	○	○	○
c. 教学资源	○	○	○	○	○
d. 实训条件	○	○	○	○	○
e. 制度建设	○	○	○	○	○

41. （单选题）如果继续扩招的话，您是什么态度？
○ a. 非常赞成
○ b. 比较赞成
○ c. 一般
○ d. 比较反对
○ e. 非常反对

42.（填空题）为更好地做好扩招后高职教育教学管理工作，您对学校有哪些建议（例如在扩招规模、人员范围、资金保障、政策衔接、学校管理和人才培养模式等方面）？建议：

背景信息

1.（单选题）您的性别是：

　○ a. 男

　○ b. 女

2.（填空题）您的学校是：_____（区域）_____（省、市、区）_____（学校名称）

3.（单选题）您的学校是"双高"校吗？

　○ a. 是

　○ b. 否

4.（单选题）您的学校类型是？

　○ a. 公办

　○ b. 民办

5.（填空题）您的教龄有_____年？

6.（填空题）您的年龄是_____岁？

7.（单选题）您的最高受教育程度是：

　○ a. 高中以下

　○ b. 高中

　○ c. 专科

　○ d. 本科

　○ e. 硕士研究生

　○ f. 博士研究生

8.（单选题）您目前的技术职称是：

　○ a. 正高级

　○ b. 副高级

　○ c. 中级

　○ d. 初级

　○ e. 无职称

9. (单选题)您是贵校认定的"双师型"教师吗?

○ a. 是

○ b. 否

10. (单选题)您从事扩招学生教学的主要授课课程为:

○ a. 公共基础课

○ b. 专业课

○ c. 其他(请注明)_____

11. (单选题)您现在是否兼任扩招班的班主任(辅导员)?

○ a. 是

○ b. 否

问卷到此结束,非常感谢您的配合与支持!

附件 4：扩招生源学生情况调查问卷

扩招生源学生情况调查问卷

同学：

你好！本问卷有 47 个问题，大约占用您 5 分钟的时间，旨在调研高职扩招学生招生和教育教学管理情况，此问卷中的"扩招"特指高职扩招。我们郑重承诺，此调研问卷仅用于职教高地课题"质量型扩招研究"，不做其他商业用途，我们保证对问卷信息保密。在此，感谢您的大力支持！

质量型扩招研究课题组
2022 年 3 月 16 日

1. （单选题）你的生源类别是？
   - a. 中职毕业生
   - b. 普高毕业生
   - c. 社会生源

2. （多选题）你选择参加高职扩招学习的主要原因是？
   - a. 个人兴趣
   - b. 就业或转岗需要
   - c. 社会适应需要
   - d. 为了获得文凭
   - e. 为了获得职业资格证书（或职业技能等级证书等）
   - f. 家人、朋友的期望
   - g. 单位的期望
   - h. 能获得物质上的好处（如不收学费或学费减免，获得一定奖励等）
   - i. 其他

3. （单选题）你选择本专业学习的主要原因是？
   - a. 个人兴趣所在
   - b. 目前正在从事本专业相关工作
   - c. 计划未来从事本专业相关工作

○ d. 看同事或朋友都报这个专业

○ e. 其他

4. (单选题)你的学习方式是?

　　○ a. 全日制

　　○ b. 非全日制

5. (单选题)你的主要上课时间是?

　　○ a. 工作日的白天

　　○ b. 工作日的晚上

　　○ c. 节假日的白天

　　○ d. 节假日的晚上

6. (单选题)你的上课地点是?

　　○ a. 全部在校内

　　○ b. 全部在校外

　　○ c. 校内与校外相结合,两者参半

　　○ d. 校内与校外相结合,校内上课为主

　　○ e. 校内与校外相结合,校外上课为主

7. (单选题)入学以来,你的课堂出勤率如何?

　　○ a. 80%以上

　　○ b. 60%~80%

　　○ c. 40%~60%

　　○ d. 20%~40%

　　○ e. 20%以下

8. (单选题)入学以来,你能否做到在学习时反思和调整自己的学习方式方法?

　　○ a. 总是

　　○ b. 经常

　　○ c. 有时

　　○ d. 极少

　　○ e. 从未

9. （单选题）你学习的课程中，有多少课程可以让你用学习成果兑换学分？

　　○ a. 所有课程都可以

　　○ b. 大部分课程可以

　　○ c. 一半课程可以

　　○ d. 小部分课程可以

　　○ e. 所有课程都不可以

10. （多选题）你学习的课程中，能否用以下学习成果兑换学分？

　　□ a. 其他所学课程

　　□ b. 职业技能等级证书（"X"证书）

　　□ c. 国家职业资格证书

　　□ d. 行业企业认定的专项能力证书

　　□ e. 业绩成果（包括培训证书、业绩奖项、荣誉称号等）

　　□ f. 经历与资历

　　□ g. 其他＿＿＿＿＿＿＿

　　□ h. 不可以兑换

11. （单选题）入学以来，你初次考试就能通过的课程比例是？

　　○ a. 80％以上

　　○ b. 60％～80％

　　○ c. 40％～60％

　　○ d. 20％～40％

　　○ e. 20％以下

12. （矩阵单选题）总体而言，你认为下列课程的考核难度如何？

	非常难	比较难	难度适中	比较容易	非常容易
a. 公共基础课	○	○	○	○	○
b. 专业课程	○	○	○	○	○
c. 实习实训课	○	○	○	○	○

13. (单选题)入学以来,你的学习动力如何?

○ a. 很大

○ b. 大

○ c. 一般

○ d. 小

○ e. 很小

14. (矩阵单选题)入学以来,你对各类课程感兴趣的程度如何?

	很有兴趣	有兴趣	一般	满意	没有兴趣	完全没兴趣
a. 公共基础课	○	○	○	○	○	○
b. 专业课程	○	○	○	○	○	○
c. 实习实训课	○	○	○	○	○	○

15. (单选题)入学以来,你的学习压力如何?

○ a. 很大

○ b. 大

○ c. 一般

○ d. 小

○ e. 很小

16. (矩阵单选题)入学以来,你的学习压力主要来源于以下哪些方面?

	很大	大	一般	小	很小
a. 课程压力	○	○	○	○	○
b. 就业转业压力	○	○	○	○	○
c. 同学竞争压力	○	○	○	○	○
d. 毕业压力	○	○	○	○	○
e. 家庭压力	○	○	○	○	○
f. 工学矛盾压力	○	○	○	○	○
g. (填空题)其他压力:					

17.（单选题）平均而言，在你学习的课程中，有多少课程内容能听懂？

○ a. 全部

○ b. 大部分

○ c. 一半

○ d. 小部分

○ e. 没有

18.（单选题）目前的学习安排和要求是否让你感觉吃力？

○ a. 非常吃力

○ b. 吃力

○ c. 一般

○ d. 不吃力

○ e. 完全不吃力

19.（多选题）入学以来，当在学业上遇到不懂的问题时，你经常向谁请教？

☐ a. 同学

☐ b. 任课老师

☐ c. 班主任/辅导员

☐ d. 家人

☐ e. 专业领域的专家

☐ f. 朋友

☐ g. 自己解决

☐ h. 听之任之

☐ i. 其他_____

20.（多选题）对你来说，在学习中遇到的主要困难有哪些？

☐ a. 学习内容不适应

☐ b. 老师教学方法不适应

☐ c. 老师教学组织形式不适应

☐ d. 学习资源获得不便捷

☐ e. 考试要求太高

☐ f. 工学矛盾

☐ g. 家庭负担重

☐ h. 其他_____

☐ i. 没有

21.（单选题）即使遇到困难,你也会继续参加学习吗?

○ a. 非常同意

○ b. 同意

○ c. 一般

○ d. 不同意

○ e. 非常不同意

22.（单选题）你是否同意"学校学习氛围很浓厚,同学之间经常进行学习交流"?

○ a. 非常同意

○ b. 同意

○ c. 一般

○ d. 不同意

○ e. 非常不同意

23.（单选题）你是否愿意和别人分享入学后的学习经历和学习体会?

○ a. 非常愿意

○ b. 愿意

○ c. 一般

○ d. 不愿意

○ e. 非常不愿意

24.（矩阵单选题）入学以来,在学校的学习经历是否使你在以下方面得到提高?

	极大提高	较大提高	一般	有点提高	没有提高
a. 知识水平	○	○	○	○	○
b. 操作技能	○	○	○	○	○

续表

	极大提高	较大提高	一般	有点提高	没有提高
c. 学习迁移能力	○	○	○	○	○
d. 信息技术运用能力	○	○	○	○	○
e. 人际沟通能力	○	○	○	○	○
f. 团队合作能力	○	○	○	○	○
g. 自我发展规划能力	○	○	○	○	○

25. （单选题）你预期用几年时间完成学习任务并顺利毕业？

　　○ a. 3年

　　○ b. 4年

　　○ c. 5年

　　○ d. 6年

26. （多选题）你在学习时更关注的是？

　　☐ a. 理论知识的学习

　　☐ b. 实践技能的掌握

　　☐ c. 综合素质的提升

　　☐ d. 学历证书的获得

　　☐ e. 职业资格证书或职业技能等级证书的获得

　　☐ f. 不太清楚

　　☐ g. 其他_____

27. （多选题）你希望采用什么考核和评价方式？

　　☐ a. 修完相应学时，完成日常作业，不另行考试

　　☐ b. 修完相应学时，闭卷考试

　　☐ c. 修完相应学时，开卷考试

　　☐ d. 根据专业需求，实践技能考核

　　☐ e. 可用与专业相关的科研成果、发明创造代替考试

　　☐ f. 其他_____

28. （多选题）你希望通过这次学习深造能够实现的目标是？

　　☐ a. 取得大学文凭

☐ b. 增加收入

☐ c. 提高素养

☐ d. 提升技能，胜任工作

☐ e. 为跳槽到更好的工作岗位做准备

☐ f. 扩充人脉

☐ g. 为专生本做准备

☐ h. 其他_____

29. (矩阵单选题)你对学校的以下教学安排的满意程度是：

	非常满意	满意	一般	不满意	非常不满意
a. 线下教学安排	○	○	○	○	○
b. 线上教学安排	○	○	○	○	○

30. (单选题)你对学校教师教学的满意程度是：

○ a. 非常满意

○ b. 满意

○ c. 一般

○ d. 不满意

○ e. 非常不满意

31. (多选题)你认为你的任课老师教学要在哪些方面进行改进？

☐ a. 教育理念

☐ b. 专业领域知识水平

☐ c. 专业领域技能水平

☐ d. 了解学生的能力

☐ e. 个性化教学能力

☐ f. 信息化教学能力

☐ g. 学生管理能力

☐ h. 学生评价技术

☐ i. 学生职业生涯和就业指导能力

☐ j. 其他_____

☐ k. 没有

32.（多选题）你认为学校要在哪些方面进行改进？

☐ a. 开展学情分析按需施教

☐ b. 更新教学硬件、教学设备

☐ c. 提供针对性强的课程或专题讲座

☐ d. 优化上课时间、上课地点

☐ e. 提升教师教学能力和水平

☐ f. 丰富线上教学平台资源

☐ g. 增强手机端等学习平台的易用性

☐ h. 其他

☐ i. 没有

33.（填空题）为更好地做好扩招后高职教育教学管理工作,您对学校有哪些建议？建议：

背景信息

1.（单选题）你的性别是？

○ a. 男

○ b. 女

2.（填空题）你的年龄是_____岁

3.（填空题）你就读的学校是_____（区域）_____（省/市）_____（学校名称）

4.（单选题）你就读的学校是"双高"校吗？

○ a. 是

○ b. 否

5.（单选题）您的学校类型是？

○ a. 公办

○ b. 民办

6.（单选题）你的入学年份是：

○ a. 2019 年

○ b. 2020 年

7. （填空题）你就读的专业是：

   _____

8. （单选题）入学以来，与你同班的同学相比，你的总成绩排名属于：

   ○ a. 前 10%

   ○ b. 11%~25%

   ○ c. 26%~50%

   ○ d. 51%~75%

   ○ e. 76%~100%

   ○ f. 不清楚

9. （填空题）你的工作年限：（没有请填 0）

   _____

10. （单选题）你的现工作单位属于？

    ○ a. 机关事业单位/学校

    ○ b. 国有企业

    ○ c. 私有企业/其他企业

    ○ d. 个体经营户

    ○ e. 暂时无业/无工作单位

    ○ f. 其他_____

11. （单选题）你是以什么身份报名参加高职扩招的？

    ○ a. 退役军人

    ○ b. 下岗失业人员

    ○ c. 农民工

    ○ d. 中职毕业生

    ○ e. 普高毕业生

    ○ f. 企事业在职员工

    ○ g. 基层农技人员

    ○ h. 乡村干部（含村两委干部）

    ○ i. 其他_____

12. (单选题)你报考高职扩招时的学历(力)是什么?

   ○ a. 高中同等学力

   ○ b. 中专、职高或技校毕业

   ○ c. 普通高中毕业

   ○ d. 成人教育系列专科及以上

   ○ e. 全日制专科及以上

13. (单选题)你入学前的年收入大约是多少(含税前奖金补贴和各种经营收入等)?

   ○ a. 无收入

   ○ b. 2万元以下

   ○ c. 2万元至4万元之间

   ○ d. 4万元至6万元之间

   ○ e. 6万元至8万元之间

   ○ f. 8万元至10万元之间

   ○ g. 10万元以上

14. (单选题)2021年你的全年总收入(含税前奖金补贴和各种经营收入等)与入学前相比是否增加了?

   ○ a. 是

   ○ b. 否

问卷到此结束,非常感谢您的配合与支持!

附录一　山东传媒职业学院学分制实施方案（试行）

山东传媒职业学院

学分制实施方案（试行）

2020 年 4 月

目 录

山东传媒职业学院学分制实施方案(试行)

附件1:山东传媒职业学院学分制实施细则

附件2:山东传媒职业学院学分制收费管理暂行办法

山东传媒职业学院学分制实施方案(试行)

为深入贯彻《教育部关于深化职业教育教学改革全面提高人才培养质量的若干意见》(教职成〔2015〕6 号)、《国家职业教育改革实施方案》《教育部 山东省人民政府关于整省推进提质培优建设职业教育创新发展高地的意见》(鲁政发〔2020〕3 号)和《山东省普通高等学校学分制管理规定》(鲁教高字〔2013〕14 号)、《山东省教育厅关于加快推进高等职业院校学分制改革的通知》(鲁教职函〔2017〕2 号)等文件精神,进一步加快我院教学改革步伐,改革现有教学管理制度、教学组织方式,充分调动教与学的积极性,全面提升学院人才培养质量和办学水平,学院全面实施学分制改革。为保证学分制改革的顺利实施,特制定本实施方案。

一、指导思想

以立德树人为根本任务,以服务发展为宗旨,以促进就业为导向,以培养"德技并修、知行合一"的高素质技术技能人才为目标,以培养学生的创新精神和实践能力为核心,加强思想道德、人文素养教育和技术技能培养,推行个性化人才培养,探索并建立更具活力和科学规范的教学管理机制,实现教学资源的优化配置,促进学生自主学习和个性化发展,充分调动教与学两方面的积极性和主动性,不断提高人才培养质量和办学水平。

二、基本原则

坚持以人为本、因材施教,按照"统筹规划,分步实施,配套改革,整体推进"的原则,全面实施学分制改革。从招生入学、学费收缴、学生管理、教学组织等各个环节通盘考虑。遵循职业教育规律和学生身心发展规律,根据开展学分制改革条件的成熟程度,分阶段、逐步实施"选课制""学业导师制""学分绩点制""弹性学制"等教学管理制度。深化内部管理体制改革,部门协同实施人才培养,加强德育教育、增强技能培养、强化职业素养养成,构建新型教育教学管理体系和教学组织方式,整体推进学分制改革。

三、基本目标

建立以学生为主体,以选课制为基础,以学分计量制和学分绩点制为核心,实施由选课制、弹性学制、学分互认制、学业导师制、免修免听制、补考重修制等构成的教学管理体系,构建"实施学年注册、基于学分收费、依据学分毕业"的管理模式,充分调动教师和学生的积极性和主动性,推进学院信息化管理,建设和利用好各类教学资源,全面提高人才培养质量。

四、主要内容

(一)改革人才培养模式

深化以职业能力、创新精神和人文素质培养为核心的人才培养模式改革,尊重学生在基础能力、兴趣特长、发展方向等方面的差异,开展学分制改革,优化管理机制,鼓励学生创新创业,培养工匠精神,全面提升学生综合素质,促进学生的个性化成长。

(二)制定学分制人才培养方案

以学生全面发展为中心的教育理念,进一步深化教育教学改革,优化理论、实践、人文课程体系,建设学生终身受益的德育和思想政治理论课程,加强文化基础教育和中华优秀传统文化教育,把提高学生职业技能和培养职业精神高度融合。

合理设置毕业学分。三年制高职专业的毕业学分不低于140学分(不含第二课堂学分)。基础课学分不低于总学分的25%,选修课学分不低于总学分的10%。

建立"平台+模块"的课程体系。公共课程平台包括公共必修课程、公共限选课程和公共选修课程,专业技能与素养平台包括专业(群)核心课程平台、岗位技能模块和专业拓展模块,开辟了第二课堂,鼓励学生参加学院、系部组织的各种活动,提升学生综合素养。其中,必修课是指根据专业培养目标和基本培养规格,要求学生必须修读的课程,包括公共基础课、专业(群)基础课和专业核心课;选修课指为反映专业培养方向,满足学生个性化发展需要,提高学生文化科学素质和专业素养。在一定范围内,允许学生跨院(系)、跨专业、跨年级选修课程,学生根据本人意愿选修读的课程,包括专业拓展课和综合素质课。

推进实践教学内容、教学模式改革与创新,根据学分制改革要求,探索将创新创业与奖励纳入学分,鼓励学生开展创新实验与创业实践,积极参加社会实践、技能竞赛、技术开发、发表论文、获取专利并获得一定的学分。

改革课程考核方式,加强课程题库、试卷库建设,逐步推行教考分离。推进教学方式方法改革,倡导混合式教学、项目教学等,鼓励教师运用现代教育技术手段辅助教学。

(三)建设优质课程资源

优化教学资源,建设和引进一批在线课程资源,进一步丰富课程设置与资源,逐步形成以院级精品资源共享课程、省级精品资源共享课程和国家精品资源共享课程为主体的课程建设体系。逐步实现每门课程都有2名(含2名)以上教师授课,学生可以自主选择上课时段和上课教师。

(四)深化教学管理模式改革,建立学分制教学管理体系

制定与学分制管理相适应的教学管理、收费管理、学生管理、学籍管理、选课管理、实验实训室管理、教学质量监控与保障体系建设、成绩管理等规章制度,深化教育教学、人事、财务和后勤管理等制度的改革,积极整合、利用、挖掘学校教育教学资源,进一步提高学校教学质量和教学管理水平,营造学生成长成才的良好环境。

1. 实行"自主选课制"

为实现教学资源优化配置,调动教与学两方面的积极性,促进学生的个性化发展,提高人才培养质量,学校实行选课制,根据本专业培养方案要求和自己的学习能力,在一定范围内允许学生自主选课。

2. 实行弹性学制下的学籍管理

(1)弹性学制。专科基本学制为3年,实行3年至5年的弹性学制。在学制规定年限内,学生可选择中途停学出国学习或休学创业。

(2)学分绩点制。根据学生修读课程的学分数和学习成绩计算学分绩点,以平均学分绩点来衡量学生学习质量,为学生奖学金评定、奖励、辅修专业、深造以及就业推荐提供依据。

(3)重修、重考、免修、免听制。重修是指重新缴费选课进行修读课程的行为。重考是修读课程经考核不合格,给予一次免费补考机会。免修是选课后经审批达到课程学习要求,免除修读课程直接按程序认定学分的行为。免听是指选课后经批准不参加听课,但参与平时作业、实践环节、阶段考核和结课考试等的行为。

(4)主辅修制。鼓励学习上确有潜力及具有其他专长的学生,在修读完注册的专业(称为主修专业)人才培养方案的同时,可根据自身兴趣和学校有关规定申请辅修另一个专业(称为辅修专业)。学生在校期间只能辅修一个专业,且最长修读年限不因辅修而延长。

3. 实行学分收费制

学生按学分制人才培养方案正常完成学业所缴纳的学费总额不高于实行学年制学费总额。学生学费由专业注册学费和课程学分学费构成。专业注册学费由学校根据不同专业生均培养成本制定,课程学分学费按学生实际修读的学分数收取。学生须在新学年开学前缴纳本学年专业注册学费后,方能予以注册,取得选课资格。专业注册学费按学年收取,学分学费实行"先选课后缴费"的原则,学分学费为:每学分学费标准×学分。

(五)建设"互联网＋"教学管理平台

建设学分制下的"互联网＋"教学管理平台,实行完全学分制下的教务排课、学生选课、一人一方案的学习计划管理、辅修管理、学习过程跟踪与学业警示、毕业资格审核等方面的数字化需求管理,实现流程化教学运行管理、智能化信息推送、移动化服务等功能,实现过程监控和目标管理相结合。

五、保障措施

学院积极推进人才培养模式改革,加强教学研究,加大教学投入,建立与学分制相适应的管理体制和运行机制,部门明确职责、密切配合,系统开展学分制改革。

(一)组织领导

1. 学分制改革领导小组

学院成立由院长任组长,相关分管院领导任副组长,教务处、组织人事处、财务处、学生工作处、宣传统战部(团委、国学院)、信息网络中心、各教学系部、招生就业处、实训中心、总务处等部门主要负责人为成员的学分制改革工作领导小组,全面规划、指导、协调、推进学院学分制改革工作。领导小组下设办公室,办公室设在教务处。

2. 学分制改革工作小组

学院各相关职能部门和系(部)成立以部门负责人为组长的学分制改革工作小组,制订详细可行的实施方案和工作预案,明确各工作小组的职责与分工,统筹协调、密切配合,积极稳妥地推进并落实学分制各项改革举措。

(1) 教务处:研究制订学分制改革总体实施方案。制(修)订适应学分制改革要求的教学运行与管理规章制度。制(修)订有关自主选课、学分互认、毕业条件等管理办法,构建学分制教学管理模式和管理系统。组织人才培养方案的优化完善。推进课程建设,不断丰富课程资源。推进教师教学方式和课程考核方式改革,不断提高教学质量。制定发明专利申请、论文等奖励学分管理办法。

(2) 组织人事处:完善教师岗位评价考核、专业技术职务评聘及人事分配制度,构建有利于深化学分制改革的教师管理机制和人事分配机制。加大教师引进与培训力度,不断扩大教师队伍规模,改善教师队伍结构,促进教学团队建设。

(3) 学生工作处、团委:改革现行学生管理制度,构建与学分制改革相适应的学生工作管理新模式。修订学风建设、学生评优评奖、家庭经济困难学生资助、心理健康教育等规章制度,构建适应学分制特点的表彰激励和帮扶机制。加强辅导员制度建设,提高学生管理工作水平。

(4) 财务处:建立学分制收费机制。做好收费系统与教务信息管理系统的有效衔接。做好学费收缴与结算工作。

(5) 总务处:加强教室和相关教学设施的管理与维护,保障教学资源充分发挥效益。改革后勤管理与服务方式,构建适应学分制特点的后勤保障体系。

(6) 信息网络中心:加强现代教育技术条件和网络条件建设,为学分制教学管理系统的建设与运行提供高质量技术保障。

(7) 各系(部)、实训中心、国学院、创业学院:修订完善人才培养方案。加强课程资源建设,不断丰富课程资源。建立实验实训室开放制度和时段预约制度,努力满足学分制教学需要。加强教师队伍建设,落实双导师制,加大对学生学业的指导。明确专业教育和毕业要求与标准,推进课程考核方式改革,做好毕业审核。

(二) 加大宣传力度

学院各级领导、各职能部门、各教学单位应高度重视学分制改革工作,要充分利用网络、新闻媒体对学分制改革的必要性、先进性,以及学分制改革对调动教与学的积极性和提高教学质量的作用、对建立优良学风的意义、对张扬学生个性和培养创新型人才的意义等进行广泛宣传,进一步提高广大教职员工对学分制改革必要性、重要性的认识,增强工作责任感和紧迫感。

(三)加大经费投入

加大经费投入,优化教学资源配置,进一步加强师资队伍建设,加强对教师教学的评估和考核,建立有效的激励机制和淘汰机制,鼓励高水平教师多开课程,对选课人数多、教学工作成绩优异的教师进行奖励;进一步加强课程建设,促进课程体系整体优化,提供全方位教学和学习支持与服务的网络教学平台,增加课程数量,扩展学生学习空间,满足教师辅助教学需要和学生自主学习需要;要进一步加强教学基础设施建设,不断改善教室、实验室、图书资料、现代教育技术条件、网络设施等相关教学条件,确保满足教学需要并正常运转,提高教学资源的使用效率。

附件:1. 山东传媒职业学院学分制实施细则
   2. 山东传媒职业学院学生学分制收费管理办法

山东传媒职业学院
2020 年 4 月 20 日

附件 1

山东传媒职业学院学分制实施细则

为进一步加快我院教学改革步伐,改革现有教学管理制度、教学组织方式,充分调动教与学的积极性,全面提升学院人才培养质量和办学水平,学院决定全面实施学分制改革。为保证学分制改革的顺利实施,特制定学分制管理实施细则。

一、弹性学制

1. 我校普通全日制专科专业基本学制为3年,实行弹性学制,学生在校学习可延长至5年(包括保留入学资格、休学、停学等时间,下同)。

2. 在规定修业年限内,学生取得规定的总学分即可毕业;学生在基本修业年限内未能修满专业人才培养方案(教学计划)的规定学分,在办理延长学制手续后,按在校生管理,未办理延长学制手续的,按结业处理。

3. 学生在校学习年限(不含服兵役)超过5年,仍未达到毕业条件的,按结业处理。

二、学分计量制

1. 根据专业特点,各专业人才培养方案中所规定的毕业学分总量控制在140～150学分,学分的最小单位为0.5学分(2舍3入和7退8进)。毕业学分总量＝毕业收费学分＋毕业免费学分。

2. 学分是表示学生学习量的单位,学分的最小计量单位为0.5学分。理论课程(含课内实验实训、上机)原则上每18个学时计为1学分,实践教学环节原则上每周计为1个学分。

3. 人才培养方案中规定的课程和教学环节均必须进行考核。考核分考试与考查两种。考核一般采用百分制或五级记分制(优秀、良好、中等、及格、不及格)。学生课程考核成绩在百分制≥60分、五级记分制及格(含)以上,方能取得该课程的学分。考核成绩和学分应同时记载,并归入学生档案。归入学生个人档案的各科成绩,以本科目最高成绩记载。

三、学分绩点制

为更准确反映学生的学习质量,综合衡量学生的学业水平,实行学分绩点制。学分绩点是学生奖学金评定、各类评优奖励等的重要依据。学分绩点的计算方法如下。

1. 课程绩点

课程绩点(以课程成绩百分制计算)＝(课程成绩÷10)－5,课程成绩不足60分的,课程绩点为0。

采用优秀、良好、中等、及格、不及格五级记分制的,课程绩点分别为：4.5、3.5、2.5、1.5、0。

旷考和补考不合格的课程,课程绩点为0;补考合格的课程,无论成绩高低,课程绩点均为1;缓考、免修和重修的课程,如实计算课程绩点。

2. 课程学分绩点

课程学分＝该课程的课时数÷18

课程学分绩点＝课程绩点×课程学分。

3. 平均学分绩点

平均学分绩点是评定奖学金、选拔学生干部、评选各类先进、免修、推荐升学与就业等的重要依据。每学期结束及修业期满,应计算学生的平均学分绩点。每门课程的考核成绩、学分、学分绩点,均应录入教务系统,并填在学生成绩登记表中。

平均学分绩点(GPA)＝Σ符合条件的课程学分绩点÷Σ相同条件的课程学分。

平均学分绩点计算的课程范围按照教务处有关规定执行。

4. 课程成绩和课程绩点的换算方法

表附1-1 课程成绩和课程绩点的换算方法

百分制成绩与成绩绩点的转换关系		五级制成绩与成绩绩点的转换关系	
百分制成绩	对应成绩绩点	五分制成绩等级	对应成绩绩点
100	5	优	4.5
99	4.9	良	3.5
⋮	⋮	中	2.5
61	1.1	及格	1.5
60	1	不及格	0
低于60	0		
补考通过	1	补考通过	1

四、选课制

（一）选课原则

1. 为实现教学资源优化配置，调动教与学两方面的积极性，促进学生的个性化发展，提高人才培养质量，学院实行选课制，在一定条件内允许学生跨系、跨专业、跨年级选课。

2. 学生根据本专业培养方案要求和自己的学习能力，在学业导师的指导下选定课程，制定个人学习计划、听课方式和学习进程。学生每学期修读的课程以22~26学分为宜，不得超过32学分（凡是教育部已经发布专业教学标准的专业，一并参考执行）。

3. 选修课学生不足20人（专业学生人数小于20的除外）时，原则上不开课，选了停开课程的学生，可进行改选。

4. 必修课必须严格按照学期教学计划执行，必修课、选修课、集中实践教学环节（课程）的学分不能相互替代或抵免。

5. 公选课由基础教学部统一组织安排，网上公布，学生在网上选课，选修总学分不得低于6学分。

6. 学生进入跟岗实习或顶岗实习之前，所在教学系部要对学生的选课情况进行全面审核，凡必修课中有课程未获得学分者，或总学分达不到人才培养方案（教学计划）要求的，一般不得安排进入相应教学环节。

7. 学院加强教学资源建设，优化教学资源管理，加强教师队伍建设，进一步扩大选修课程的比例，保证选课制的正常实施。

（二）选课方法

1. 选课前，学生必须详细了解本专业教学计划中关于必修课和选修课的开设情况及本学期应修读的总学分。

2. 专业选修课。专业选修课开课数与学生应修课程数至少按2：1比例开设。

3. 专业必修课。学生按人才培养方案（教学计划）规定的要求自主选择。

4. 选课由学生通过学校选课系统进行，一般分初选、复选、退改选和确认选课结果四个阶段。一般于每学期第14周开始下学期课程的初选和复选。新生第一学期在军训期间完成选课工作。新学期前两周为退改选时间，第三周为确认选课结果时间。选课一经确定，不得变更。

5. 大学体育课。学生在第一、二学期必须按照人才培养方案(教学计划)的安排修读。

(三) 课程考核

1. 学生在校学习期间,必须参加所选课程和实践性教学环节(课程)的考核,经考核合格才能取得相应学分。

2. 学生未按学校规定办理课程选课手续的,不能参加该课程的学习和考核。

3. 学生经批准自修某门课程或课程的部分内容的,须按时参加该课程的实验实训,按时交作业,提交规定的学习资料,否则不允许参加考核。

五、免修免听

1. 学生已取得某门课程学分或已获得与某门课程相关的省(部)级以上奖励或证书,可向其所在系部提出相应课程免修申请,进行学分置换。

2. 学习成绩优良且自学能力强的学生因特殊原因不能按要求参加某些课程课堂学习时,可申请免听相关课程的全部或部分,但必须完成规定的作业,且参加实验实训、测试和考核。

3. 重修课程不得申请免修。"思想政治理论类课程"、体育(经县级以上医院证明身体原因不宜上体育课的除外)、军事理论与训练(退役军人除外)等国家规定的必修课程及实践教学环节,不得申请免听和免修。

4. 每学期免修免听课程不得超过 8 学分。学生免修免听课程须在选课后填写"山东传媒职业学院免修/听课程申请表",经学生所在系与开课部门审核同意后,报教务处备案。

六、补考重修

1. 课程首次考试成绩不及格,开学第一周填写《山东传媒职业学院补考申请表》可以免费参加一次补考。其中,实践教学环节课程不组织补考。如补考不及格,必修课程必须重修,选修课程可重选重修,也可改选其他课程,实践教学环节课程应跟班重修。

2. 补考课程成绩合格后记为 60 分或及格,改选课程和重修课程以实际考核成绩记载。

3. 课程考试已及格,但学生愿意继续深入学习或对已取得成绩不满意,也可申请重修,重修仅限一次,其最终成绩可按两次考试中的最高分登记。

4. 补考、重修均由学生本人提出申请。在每学期开学第一周内向所在教学系部申请、办理各项手续。

5. 学生在规定学制时间内出现课程不及格(含毕业前重修考试),按结业处理。

6. 重修采取跟班学习方式,一般不单独编班。重修时间和班级由学生根据当前学期全校课表自主选择,但所选课程的学分和教学要求与本专业要求一致。若重修课程与正常课程上课时间确实冲突且避不开,学生应征得任课教师同意办理免听手续,但不得超过总课时的 1/2,且应完成全部作业并参与课程考核(含过程性考核)。学生每学期重修的学分数和课程数一般不超过 6 学分(或 2 门课)。重修人数超过 20 人的课程,将由学校统一安排开课。

七、缓考旷考

学生因病或其他特殊原因不能参加考试,必须在考试前一周填写《山东传媒职业学院缓考申请表》向所在教学系部提出缓考的书面申请(请病假须有医院证明),报教务处备案后方能生效。

1. 缓考课程的考试随常规补考或下一年级学生同堂、同卷进行(或者随重修课程考试)。

2. 缓考按正常考试评定成绩,缓考不及格或未参加者应申请重修。

3. 学生无故不参加课程正常考核视为旷考,旷考学生不得参加相关课程的补考或缓考,若要取得该课程学分,应当进行重修。

八、实验实训室开放

为满足选课制要求,学校教学实验实训室实行开放制,即根据实验实训要求和学生数量,分时段对学生开放;学生根据自己的学习时间安排预约进实验实训室做实验;实验实训室进行考勤;任课教师根据预约时间进行实验实训指导、批改报告。

九、学分互认

1. 建立科学有效的学分互认机制,是深化人才培养模式改革,实现高校之间、专业之间和区域之间优势互补、资源共享的重要途径。

2. 凡与学院签定学分互认协议的高校和学生出国学习期间所修科目的学分,在课程要求上达到了学校课程标准并考核合格,经系和教务处审核同意,可以转换为学生所在专业相应课程成绩和学分。学校开展的各类学生素质提升活动以及各专业开展的创新创业实践活动,通过学分认定与置换方案进行学分互认,鼓励学生社会实践、发明创造或参加科技、竞赛活动等。

十、实施学业导师

1. 实行学业导师制是发挥学分制优势的重要保证措施。所有在职教师都有受聘担任学业导师的义务。

2. 系部根据双向选择原则和《山东传媒职业学院学业导师管理办法》选定学业导师,为学生配备学业导师或建立学业指导小组,引导学生树立正确的专业学习思想;指导学生进行职业生涯规划,选择修读专业方向,制定个人学习计划和每学期的选课计划,安排学习进程;帮助学生解决学习过程中出现的困难和问题;辅助学生养成健全人格;对学生进行有效的个性化指导。

3. 导师的指导工作纳入学校对教师的年度考核。

十一、学分收费注册

1. 学分制下的学费由专业注册费和学分学费两部分组成,专业注册学费是指对不同专业收取的年度学费;学分学费是指以学生修读的学分为计算基础收取的学费。

2. 学生须在新学年开学前缴纳本学年专业注册学费后,方能予以注册,取得选课资格。专业注册学费按学年收取,学分学费实行"先选课后缴费"的原则,学分学费为:每学分学费标准×学分。新生第一学期的学分学费按照下列公式收取:

新生第一学期学分收费＝毕业收费学分×每学分收费标准÷3

期末进行多退少补。

十二、创新创业学分奖励

鼓励学生在校期间参加技能竞赛、创新研究活动、创业实践等,根据学生的研究报告、论文、课题、方案设计、产品制作、专利申请、竞赛获奖等,给予相应学分奖励,并纳入学生评优。

十三、辅修第二专业

1. 辅修第二专业课程纳入学校课程平台统一管理,确保课程学分及修读质量。

2. 各专业制定辅修第二专业修读条件,公布最低应修课程门数、课程名称、学分要求及成绩标准。主修专业与辅修专业相同或相近的课程,经学校批准可以在其中一个专业进行学分互认。辅修专业课程考核不合格,不影响主修专业的学分及毕业。

3. 学生在校期间只能辅修一个专业,且最长修读年限不因辅修而延长。

十四、毕业、结业与肄业

(一)毕业

1. 不同专业根据培养目标和专业特点设定最低毕业学分,学生修满毕业学分后方能毕业。各专业毕业学分均不能低于 140 学分。

2. 学生在弹性学习年限内,修完本专业规定的毕业学分数并符合学院规定的其他关于毕业条件要求,经学院审核批准后,准予毕业。

(二)结业

学生在基本修业年限内,未达到毕业要求的,可根据自身实际情况,进行如下选择:

1. 按结业进行毕业结论认定的,结业后可在修业年限内,返校修满培养方案规定的毕业总学分,可换发毕业证书,毕业时间按发证日期填写。

2. 申请不进行毕业结论认定的,可在修业年限内延长学制,经继续学习达到毕业条件的,颁发毕业证书,毕业时间按发证日期填写。在校时间达到最高修业年限仍未修满毕业总学分的做永久性结业处理。

(三)肄业

对退学学生,在校所修学分达本人所学专业人才培养方案总学分 1/3 的,应学生要求颁发肄业证书;未达人才培养方案总学分 1/3 的,应学生要求发给写实性学习证明。

十五、附则

1. 本方案从 2020 年入学的全日制高职学生开始实施,由教务处负责解释。

2. 本细则在实施过程中,如与学校以前的规定不一致,以本细则为准;如与上级文件有关规定不一致处,以上级文件为准。

山东传媒职业学院
2020 年 4 月 20 日

附件 2

山东传媒职业学院学分制收费管理暂行办法

第一章 总则

第一条 为深化学分制教学改革,规范收费行为,完善收费管理办法,促进教育资源优化配置,根据《山东省普通高等学校学分制管理规定》(鲁教高字〔2013〕14号)和《山东省高等学校收费管理办法》(鲁政办字〔2018〕98号)文件精神,结合学校实际,制定本办法。

第二条 本办法所称学分制,是指专科学生以取得的学分数作为衡量和计算学生学习量的基本单位,以达到基本毕业学分作为学生毕业主要标准的教学管理制度。

第三条 本办法只适用于学分制收费。本办法所称学分制收费,仅指学费部分,包含专业注册学费和学分学费两部分,其他收费项目仍按原收费办法执行。

第四条 专业注册学费是指对不同专业收取的年度学费;学分学费是指以学生修读的学分为计算基础收取的学费。

第二章 收费标准

第五条 专业注册学费由学校根据不同专业的生均培养成本、学生需求情况及承受能力等因素制定并报省物价、财政部门核准后执行,不同专业的专业注册学费有所不同。

学费总额＝专业注册学费总额＋学分学费总额

1. 专业注册学费

专业注册学费是基础学费,在基本修业年限内,按学年计收。每学年按10个月计算,不足1个月的按1个月计算。

专业注册学费总额＝(省物价批复的学费标准总额－毕业收费学分×学分收费标准)

专业注册学费年收费额＝专业注册学费总额÷基本修业年限

2. 学分学费

学分学费是按修读课程的学分计收的学费。学分学费按学期计收,学分收费标准不分专业,每学分 90 元。

第三章 组织与管理

第六条 学院财务处是收费管理的职能部门,按照山东省有关部门批准的收费项目和收费标准收取费用。其他任何部门不得另立名目自行收费。

第七条 学院各有关部门根据收费工作需要,及时向财务处提供学生学籍、修读学分、学费减免或缓交等与收费有关的信息。

第八条 学院各教学系是组织本系学生按规定缴费的责任部门,实行党政主要领导负责制。各系要积极采取有效措施,确保学生按规定及时足额缴纳各项费用。

第九条 新生第一学期按不同专业的年度专业注册学费与基本修业年限内年度平均学分学费总额预交学费;新生第一学期预收学分学费标准＝毕业收费学分÷基本修业年限×学分学费标准(元/学分),超过专业注册学费部分自动转为课程学分预付学费,学生根据学校的学分制管理规定自主选课,期末实行多退少补;从第二学期开始,按照专业注册学费及所选课程的学分学费交纳。

第十条 学生交纳年度专业注册学费后,方可予以注册,取得选课资格;交纳所选课程的学分学费后,方可取得修课和课程考核资格。年度专业注册学费须每年秋季学期开学后三周内缴清;学分学费须每学期开学后三周内缴清,否则取消相关课程选课资格。办理国家助学贷款及因特殊困难不能按时交纳学费的学生,须按学校规定提交证明后,方可取得注册和选课资格。学分学费每学期期末进行结算,多退少补。

预收学分学费标准＝毕业收费学分÷基本修业年限÷3×学分学费标准(元/学分)

第十一条 新生因体检复查发现患有严重疾病无法就读的,退还已交专业注册学费、学分学费,其他费用据实结算。已预交学费且在开学两周内提出退学的新生,退还全部专业注册费和预交的学分学费。每学期进行学费结算后,未按时缴清所欠费用者,欠缴专业注册学费的,取消学籍注册资格;欠缴学分学费的,取消课程修读资格。

第十二条 学生毕(结、肄)业前,按学生在校修读年限、所修收费课程总学分等信息,由财务处对毕(结、肄)业生学费、住宿费等费用进行清算。未缴清所有费用者,不能办理离校手续。

第十三条 辅修第二专业而未延长修业年限的,按实际辅修课程的学分数,只收取学分学费。延长修业年限的,须收取延长年限的专业注册学费。

第十四条 申请认定在外校学习取得的学分时,须在我院交纳专业注册学费,学分学费按照校际协议收取。

第十五条 转专业的学生,按转入专业收费标准缴纳专业注册学费,按实际修读课程缴纳学分学费。

第十六条 已结业离校的学生重修课程,只收取学分学费,须于选课前缴清。

第十七条 滞后毕(结)业的学生按实际修业年限缴清专业注册学费,按所修收费课程学分结算学分学费。

第十八条 免修课程不再收取学分学费。

第十九条 新生确因家庭经济困难不能足额缴纳费用的,先通过"绿色通道"报到入学,入校后各系按照学院统一要求,帮助学生申请办理生源地信用助学贷款手续,无法办理助学贷款的,帮其办理缓缴手续,并帮助学生申请学费减免等。

第二十条 对确有缴费困难的在校学生,可以办理缓缴费用手续。缓缴费用须由本人书面申请,经系审核后报学生工作处审批。缓缴期限一般不超过三个月,有特殊困难的缓缴期限不超过每学年第二学期开学后四周。经批准缓缴费用的学生,必须与学院签订缓缴费用协议。

第四章 退学、休学、复学与转学缴费

第二十一条 已批准退学、转学、出国、开除等原因终止在本校学习的学生,在注册之前办理离校手续的,无须交纳专业注册学费,在注册之后办理离校手续的,根据学生实际学习时间按月结算专业注册学费(不满一个月按照一个月计算),学分学费按实际已修课程学分结算。已缴纳学分费用但未修完的课程,按照课程学分及收费标准于每学期末,全部退还学分收费。学生须在规定时间完成课程退选申请手续。

第二十二条 休学后复学并转入下一年级学习的学生,其收费按复学后所在年级的标准执行。因故休学、保留学籍的学生,比照退学退费规定退还

相关费用。休学期间,不再交纳学费。复学后按照该生就读年级学费标准交纳学费。

第二十三条 从外校转入的学生,当学年专业注册学费按学期计收。

第二十四条 学生退学、休学时间按实际办理离校手续的时间计算。

第五章 附则

第二十五条 本办法自2020级学生开始施行,由财务处同教务处在各自职责范围内负责解释。

山东传媒职业学院
2020 年 4 月 20 日

附录二　山东传媒职业学院学分认定与置换实施细则(试行)

山东传媒职业学院学分认定与置换实施细则(试行)

一、总则

学分制是以学分计算学生学习,是能够衡量学业完成情况的一种灵活的教学管理制度。为全面落实《国家中长期教育改革和发展规划纲要(2010—2020年)》《国家职业教育改革实施方案》《关于办好新时代职业教育的十条意见》等文件精神,推动教育教学改革进一步深化和教学管理体制创新,切实提高教学质量和人才培养质量,根据学院统一安排,以弹性学制和导师指导下的学生选课制为基本特征试行学分制教学管理模式。为确保学分制改革工作顺利实施,探索建立学分银行并取得预期效果,特制定本实施细则。

二、学分认定原则

1. 学生取得的每项成果(包括证书、专利、论文、作品、竞赛成绩、课程成绩、立功等),按认定的学分,能且只能置换一次,不能重复置换。

2. 同一成果获多个奖项的,以最高级别奖项认定学分,不能重复计算。

3. 认定程序:证书类、竞赛类、科技成果、专业教学项目由系部审核认定;创新创业类由校企合作与招生就业处审核认定;退役士兵由学院武装部审核认定;实训中心各类项目由实训中心审核认定;其他课程由系部审核认定,统一由教务处备案。

三、学分置换原则

1. 课程学分置换以课程属性相同、课程内容相近、学分和学时基本一致为准则；跨类课程原则上不能学分置换，如公共必修课、专业核心课之间不能进行学分置换；用于学分置换的课程数不能超过 5 门（不包括 2019 年扩招的 B/C 类学生）。

2. 学生进行学分置换时，须填写附件 1："山东传媒职业学院学分认定置换审批表"一式三份。每门课程填写一张审批表，并提交有效的佐证材料，或者通过由相关系部组织的测试，由相应部门审核认定、教务处备案后生效。

四、学分认定的范围和标准

1. 证书类

学生已取得相应的职业资格证书、职业技能等级证书，可置换学分，具体置换标准及要求如下：

（1）已取得的证书与所学专业相同（含相近或相关）的，可置换本专业人才培养方案中与证书相关的课程或公共选修课程。高级认定 4 学分、中级认定 3 学分、初级认定 2 学分。

（2）已取得与所学专业差距较大或者无关联的证书，可置换公共选修课程 2 学分。

（3）全国计算机等级考试二级以上证书认定 3 学分。

（4）CET 四、六级考试成绩≥425 认定 4 学分；托福考试成绩≥65 认定 4 学分；学术雅思考试成绩≥5 认定 4 学分；托业考试成绩≥470 认定 4 学分；PETS3/4/5 考试成绩≥60；全国翻译专业资格（水平）考试三级及以上成绩≥60 认定 4 学分；其他语种参照执行。

（5）国家体育二级证书认定 4 学分。

上述置换课程的分数按照及格成绩或 60 分计入。

2. 竞赛类

学生参加由学院统一组织的市级及以上的专业技能竞赛及创新创业大赛，根据获奖情况和与课程的关联程度置换专业课程或非专业课程学分。具体置换标准如下：

一类：一等奖 12 学分、二等奖 10 学分、三等奖 8 学分；

二类：一等奖 10 学分、二等奖 8 学分、三等奖 6 学分；

三类：一等奖8学分、二等奖6学分、三等奖4学分；

四类：一等奖6学分、二等奖4学分、三等奖2学分；

五类：一等奖4学分、二等奖2学分。

一类，是指由教育部、人力资源和社会保障部等行政主管部门或由教育部与其他部委共同主办的全国职业院校技能大赛。黄炎培创新创业大赛（国赛）属于一类。

二类，是指由山东省教育厅主办，或由山东省教育厅、山东省经济和信息化委员会、山东省财政厅、山东省人力资源和社会保障厅等联合组织举办的山东省职业院校技能大赛（以下简称省赛）的竞赛项目。黄炎培创新创业大赛（省赛）属于二类。

三类，是指全国高职各专业（行业）教学指导委员会、全国各行业协会组织的比赛。

四类，是指省级行业协会、全国行业协会的分会、省级高职各专业（行业）教学指导委员会组织的比赛。

五类，是指省级行业协会分会、地市级教育局、地市级人力资源和社会保障局、地市级文体局等行政部门组织的比赛。

一类各奖项、二类一等奖置换专业课程成绩按满分计入，置换非专业课程按及格或60分计入。

其他获奖置换专业选修课程（不能置换专业必修课程）成绩按优秀或90分计入，置换非专业课程成绩按及格或60分计入。

3. 科技成果类

学生在校期间参加各类科技创新活动并取得成果的，可以置换学分，置换学分的标准如下：

(1) 获国家专利的，发明专利第1～5名分别认定10、8、6、5、4学分；实用新型专利第1～5名分别认定6、5、4、3、2学分；外观设计专利第1～5名分别认定4、3、2、1、1学分。

(2) 科技成果（产品、设计、工艺技术、方案等）被社会单位采纳、应用，产生了一定的社会效益和经济效益，认定3～6学分。

(3) 本人为第一作者并以本校名义，公开发表核心（北大中文核心及以上）学术研究论文每篇认定6学分，第二作者认定为4分，第三作者认定为2分，第四位以后均认定为1分；发表一般学术研究论文每篇认定2学分，第二位以后均认定为1分。

（4）出版著作的，第一编/著者认定6学分，参与编/著作者认定3学分。

上述置换课程的分数按照及格成绩或60分计入。

4. 创新创业类

学生在校期间参加由学院统一组织的院级以上的创新创业活动，可置换学分，具体置换标准及要求如下：

（1）学生自主创办注册的公司，根据注册公司与所学专业的关联程度确定置换专业选修课程或公共选修课程8学分；

（2）注册公司与所学专业的关联程度差距较大或者无关联的可置换公共选修课程4学分；

（3）入驻学院创业学院满一年的创意类项目，经招生就业处考核，可根据项目与所学专业的关联程度确定置换公共选修课程2学分。

上述置换课程的分数按照及格成绩或60分计入。

5. 课程类

在线开放课程或自学考试等形式学习的相关专业同类课程，需经本人申请，相关部门审核通过后，方能认定为等同本课程的学分。

上述置换课程的分数按照及格成绩或60分计入。

6. 专业教学项目类

学生在校期间参加由学院统一组织的院级以上的专业教学项目，可置换学分，具体置换标准及要求如下：

（1）专业教学工作室项目：前三名认定4学分，项目参与者认定2学分，没有参与具体项目，但单学期内参加工作室培训、日常学习者认定1学分。

（2）参加企业实践项目生产制作，由系部和企业方共同评定，优3分、良2分、中1分，未被采纳应用设计作品不予置换。

（3）参加院系组织设计项目实践，由学院和系部共同评定，优3分、良2分、中1分，未被采纳应用设计作品不予置换。

上述置换课程的分数按照及格成绩或60分计入。

7. 实训中心各类项目

学生在校期间参加由学院统一组织的实训中心顶岗实习工作，可置换学分，具体置换标准及要求如下：

(1) 山东传媒职业学院校园广播电视台学分置换明细表

部门	岗位	岗位内容	学分	备注
广播电视台	新闻编导	新闻整体策划、撰稿、成片初审	1	每学期完成8条以上新闻策划撰稿
	新闻摄像	新闻拍摄工作	1	每学期完成15条以上新闻拍摄
	新闻主播	新闻节目演播室出镜,新闻配音	1	完成4期新闻出镜,8~12条新闻配音
	栏目编导	栏目整体策划、把控栏目整体制作过程,成片初审	1	每学期完成3期以上栏目策划
	栏目摄像	栏目、专题、微电影等的拍摄工作	1	每学期根据栏目或者专题、微电影等的难度完成4~5期栏目,或2部专题、微电影等的拍摄工作
	栏目主持	栏目主持工作	1	每学期,根据节目时长,主持总时长不低于3小时
	后期制作	新闻后期剪辑、栏目剪辑、专题片、纪录片、微电影等的后期制作工作	1	每学期需完成8条以上的新闻后期制作,栏目4期以上,专题、微电影等2部以上
	新媒体制作	微博微信公众号内容制作维护、电视台网站内容制作维护	1	每学期完成各类新媒体内容15条以上
	播出值机	保障播出,开关播出设备,每天节目编排,节目资源编单上载	1	每学期按照电视台的值班安排,按时到岗,认真负责,无重大播出事故
	媒资管理	电视台媒资管理,编目上载	1	每学期按照电视台的值班安排,按时到岗,认真负责,做好媒资管理工作
	活动策划	电视台活动策划	1	根据策划的活动的影响力,大型活动1次以上,小型活动3次以上
	外联办公	电视台对外联系业务和赞助,电视台日常行政工作行政命令的上传下达,各部门之间任务协调,电视台各种会议及活动的组织安排,电视台各种素材及档案整理	1	每学期按照电视台的值班安排,按时到岗,认真负责,做好电视台内部行政工作

续表

部门	岗位	岗位内容	学分	备注
广播电视台	导演	微电影、纪录片、专题片、宣传片等的导演工作	1	每学期根据难易程度每学期完成2~3部作品的导演工作
	电台主播	广播电台节目播音、大型节目主持	1	每学期完成不少于15期的节目播出
	电台栏目编辑	节目内容策划、撰写	1	每学期完成不少于15期的节目编辑
	电台制播	日常节目值机、设备维护、节目音频制作	1	每学期按照广播电台的值班安排，按时到岗，无重大播出事故，维持设备正常运转，做好记录
	电台宣传	电台公众账号维护、照片短片拍摄、宣传材料设计	1	每学期完成各类宣传公众号文章内容15条以上，参与活动拍摄、宣传、设计3次以上
	电台办公室	电台日常工作	1	每学期按照广播电台的值班安排，按时到岗，认真负责，做好电视台内部行政工作

(2) 山东传媒职业学院新媒体中心学分置换明细表

部门	岗位	岗位内容	学分	备注
新媒体中心	新媒体策划	新媒体资讯的整体策划、撰稿、成稿初审	1	每学期每周完成2条以上新媒体资讯的策划撰稿
	新媒体编辑	公众号文章背景资料收集，相关选题采访，实时跟进各大平台热点	1	每学期每周完成2条以上新闻采访及撰稿
	新媒体运营	运营10个以上包括但不限于微博、微信等新媒体平台	1	每学期每周完成3条以上新媒体内容的推送及用户的互动，每月对全院各类新媒体平台进行传播量化统计
	短视频编辑	策划短视频选题，独立完成短视频脚本撰写	1	每学期每周完成2部以上短视频创作脚本
	短视频摄像	短视频拍摄及后期	1	每学期每周完成2条以上短视频拍摄及后期
	VR策划	VR作品的策划、撰稿、成片初审	1	每学期以学院规划参加的各类大赛为依据，每月完成2部以上VR内容策划

续表

部门	岗位	岗位内容	学分	备注
新媒体中心	VR 摄像	VR 拍摄工作	1	每学期每月完成 2 部以上 VR 内容拍摄
	VR 后期	VR 视频类专题片、纪录片、微电影等的后期制作工作	1	每学期每周完成 2 部以上 VR 作品的缝合、后期剪辑、调色等
	VR 大赛项目团队（101 编辑器）	虚拟现实作品的策划、建模、交互设计、生成等	1	每学年以全省高职院校虚拟现实设计大赛为依据，完成虚拟现实作品的策划、建模、交互设计、生成等

(3) 山东传媒职业学院转播团队学分置换明细表

部门	岗位	岗位内容	学分	备注
转播团队	视频设计	视频技术理论授课	1	全勤学生
		实践操作课程	1	参加院内节目录制时长合计 40 小时，能够独立操控
		大型节目考核	1	联合各技术部门完成大型节目录制，全部由学生独立完成
	导播切换	导播理论授课	1	全勤学生
		实践操作课程	1	参加院内节目录制时长合计 40 小时，能够独立操控
		大型节目考核	1	联合各技术部门完成大型节目录制，全部由学生独立完成
	摄像	摄像理论授课	1	全勤学生
		独立拍摄	1	参加院内节目录制时长合计 40 小时，能够独立操控
		大型节目考核	1	联合各技术部门完成大型节目录制，全部由学生独立完成
	灯光	灯光理论授课	1	全勤学生
		实践操作课程	1	参加院内节目录制时长合计 40 小时，能够独立操控
		大型节目考核	1	联合各技术部门完成大型节目录制，全部由学生独立完成

续表

部门	岗位	岗位内容	学分	备注
转播团队	音频	导播理论授课	1	全勤学生
		实践操作课程	1	参加院内节目录制时长合计40小时，能够独立操控
		大型节目考核	1	联合各技术部门完成大型节目录制，全部由学生独立完成

上述置换课程的分数按照及格成绩或60分计入。

8. 从业经历或行业实践

有相关从业经历或具有与所学专业相同（含相近或相关）的行业实践，可置换本专业人才培养方案中相应的课程学分。

上述置换课程的分数按照80分或者实际测试成绩计入。

附件 1

山东传媒职业学院学分认定置换审批表

系部(盖章)：　　　　　　　　　　　　　　　　系部主任签字：

姓名	学号	专业	班级	项目类别	具体内容	认定学分	置换课程
审核部门意见	部门(章)					审核人：	
教务处意见	部门(章)					负责人：	

　　　　　　　　　　　　　　　　　　　　　申请人：　　　　日期：

注：1. 申请内容需附相应支撑材料(原件、复印件随申请上报)；

　　2. 部分活动存在作者排序不同而得分不同，请注明本人的排序；

　　3. 此表一式三份，一份学生留存，一份留系部，一份交教务处。

附件 2

学分认定置换参考流程

第 1 步:学生填写附件 1《山东传媒职业学院学分认定置换审批表》。

第 2 步:辅导员以班级为单位统一收齐附件 1 及相关必要佐证材料,交系部审核,系主任签字、盖章,原件返给学生。

第 3 步:由辅导员统一交到审核部门审批,由审核部门签字、盖章、填写审核意见。

第 4 步:审核部门审批合格后,由辅导员统一交到教务处备案后生效。

第 5 步:由辅导员统一通知任课教师和学生。

参考文献

[1] 中国政府网.国务院关于印发国家职业教育改革实施方案的通知[EB/OL].(2019-02-13)[2022-8-22]. http://www.gov.cn/zhengce/content/2019-02/13/content_5365341.htm.

[2] 李克强.政府工作报告:2019年3月5日在第十三届全国人民代表大会第二次会议上[M].北京:人民出版社,2019.

[3] 中华人民共和国教育部.教育部等六部门关于印发《高职扩招专项工作实施方案》的通知[EB/OL].(2019-09-06)[2022-8-22]. http://www.moe.gov.cn/jyb_xwfb/xw_zt/moe_357/jyzt_2019n/2019_zt19/zhengce/201909/t20190906_397979.html.

[4] 李克强.政府工作报告:2020年5月22日在第十三届全国人民代表大会第三次会议上[M].北京:人民出版社,2020.

[5] 李克强.政府工作报告:2021年3月5日在第十三届全国人民代表大会第四次会议上[M].北京:人民出版社,2021.

[6] 教育部办公厅等六部门关于做好2021年高职扩招专项工作的通知[J].中华人民共和国教育部公报,2021(Z2):39-40.

[7] 安培.高职院校质量型扩招中的教育资源:重要性、差距与补充策略[J].职教论坛,2021,37(7):13-19.

[8] 马廷奇.高职院校扩招与高职教育高质量发展[J].中国职业技术教育,2019(33):25-30.

[9] 杨子琪.百万扩招政策下高职教育的应对与转型[J].科技风,2019(30):90.

[10] 刘晓.高等职业教育扩招的现实诉求与落地思考[J].当代职业教育,2019(03):6-8.

[11] 顾准.高职院校应对质量型扩招的对策:基于美国社区学院的启示[J].职教论坛,2020,36(7):130-135.

[12] 曲磊,刘颖妍.后疫情时代经济形势下,高职"规模型"扩招向"质量型"转变培养对策研究[J].商业观察,2021(15):79-81.

[13] 李传伟.基于质量型扩招生源的多元分类分层研究与实践[J].天津电大学报,2020,24(2):42-48.

[14] 谭起兵.质量型扩招背景下高等职业教育改革的实践路径与质量保障探析[J].职教论坛,2021,5(2):12-19.

[15] 刘冉昕.质量型扩招背景下教学管理探索与实践:以辽宁省交通高等专科学校为例[J].辽宁省交通高等专科学校学报,2021,23(3):58-60.

[16] 王万梅.高职院校实施百万扩招的现状、策略及措施[J].天津中德应用技术大学学报,2022(3):9-14.

[17] 刘芳.高职百万扩招背景下企业班教学管理模式的SWOT分析及策略[J].陕西教育(高教),2022(5):70-71.

[18] 成晓宇.我国高职院校百万扩招研究现状与热点分析:基于CiteSpace知识图谱分析[J].职业教育(下旬刊),2022,21(4):49-59.

[19] 曾珠,柏文涌.扩招百万背景下高职院校的发展机遇、要求、难点与对策[J].教育与职业,2019(21):5-12.

[20] 张红兰.高职扩招百万的SWOT分析与实现对策研究[J].延安职业技术学院学报,2020,34(5):38-40.

[21] 习近平.加快构建现代职业教育体系[N].北京青年报,2021-04-14.

[22] 乔振民,高伟等.高职院校产教融合存在问题及实现路径研究[J].石家庄职业技术学院学报,2018,30(5):32-34.

[23] 赵晨熙.职业教育与普通教育具有同等重要地位[N].法治日报,2022-05-10(005).

[24] 吴学荣.高职院校"百万扩招"现状与对策研究[J].成才之路,2022(3):10-12.

[25] 朱丹霞,申小中.百万扩招背景下高职院校的对策创新[J].机械职业教育,2021(12):1-5.

[26] 方琳,张迪,李建,等."扩招百万"背景下高职院校面临的问题及对策[J].黄河水利职业技术学院学报,2021,33(3):66-69.

[27] 郭隆健,李厥瑾,朱新亮.扩招百万背景下高职院校的发展机遇、要求、难点与对策研究[J].科学咨询(科技·管理),2021(7):24-25.

[28] 白琴.高职百万扩招困境与出路探析[J].南通航运职业技术学院学报,2021,20(2):83-86.

[29] 李玉玉,张士辉,董童童,等.百万扩招背景下高职院校招生有效对策研究[J].现代职业教育,2021(19):106-107.

[30] 吕延岗,董彦宗,罗鼎,等.高职扩招百万成效的实证分析与策略研究[J].中国职业技术教育,2021(7):41-46,57.

[31] 赵竹,王忠楠,李云飞.高职扩招百万背景下"1+1+1"人才培养模式探索[J].教育与职业,2020(24):56-61.

[32] 文芳.百万扩招背景下高职学分制改革策略研究:基于SWOT分析[J].机械职业教育,2020(8):10-13+41.

[33] 李妍,李艳莉.基于SWOT的高职百万扩招可行性及实施路径分析[J].职教通讯,2020(7):36-42.

[34] 谢斐.高职扩招百万政策浅析[J].现代职业教育,2019(32):312-313.

[35] 段兴梅.百万扩招背景下的高职教育供给侧改革探索[J].产业与科技论坛,2022(14):210-211.

[36] 刘晶晶.百万扩招背景下高职人才培养模式的转型挑战与优化路径[J].教育发展研究,2022(1):28-35.

[37] 于娅囡.山东省高职"百万扩招生"人才培养的问题与对策研究[D].济南:山东师范大学,2021(6):57-61.

[38] 余祖光.发挥高职扩招生源优势培养产业升级紧缺人才[J].中国职业技术教育,2019(31):19-21.

[39] 付雪凌.变革与创新:扩招背景下高等职业教育的应对[J].华东师范大学学报(教育科学版),2020(1):23-31.

[40] 张鹏飞,吕月爽.高职扩招背景下汽车专业"四类生"精准就业实施路径研究[J].时代汽车,2021(17):121-122.

[41] 李倩.扩招100万背景下高职院校的应对策略探讨.湖北农机化[J].2019(17):27.

[42] 邹小雨.基于产教融合的现代高职就业指导服务体系的构建创新创业理论研究与实践[J].2020,3(21):191-192.

[43] 马绍辉.如何在产教融合背景下指导现代高职就业指导服务体系构建现代职业教育[J].2022(21):148-150.

[44] 潘倩滢,郑华辉.高职扩招背景下就业指导教育工作的探索与实践[J].太原城市职业技术学院学报,2022(7):3.